我忍不住在迪拜美丽的七星帆船酒店前面做了一个倒立。

这是我在纽约排练舞蹈家海蒂·莱斯基编的舞时被抓拍的一张照片。

俯瞰科罗拉多州阿斯彭的美景时拍摄的。

在操场上和我所有的朋友们在一起。啊，多么美好的日子！

像袋鼠宝宝一样被爸爸搂在怀中！

在三年级的垒球比赛中准备击球时拍摄的。

与我的哥哥布拉德在后院的蹦蹦床上一蹦三尺高。

将近一岁时小小的我。

与爷爷的生日聚会。

早上与我的爸爸和哥哥们
亲密依偎。

2010 年，我的父母在佛罗里达州的奥兰多参加我的告别派对。

我的家人庆祝我父母结婚四十周年纪念日。

我很少戴着假肢和我的哥哥们一起拍照。这是一张罕有的照片。

在一个亲戚的婚礼上与我的表哥扎克合影。

我超爱大礼物！

戴假肢摆了一个造型。

与我所有的哥哥们一起拍照实在是一个壮举。我爱他们!

我的兄弟姐妹聚在一起。

与我的姐妹在洛杉矶我最喜欢的一家餐厅吃饭。

与我的小妹妹克里斯蒂娜像孪生姐妹。

在克里斯蒂娜的迎婴聚会上与我的姐妹合影。

我和格兰特在 2013 年夏恩的灵感年度盛会上亮相。

我和尼克·胡哲初次见面。

与我的装配工雷一起闲逛。他是最棒的！

在阿布扎比一个美丽的清真寺外与我的朋友阿曼达合影留念。

2013 年复活节，在阿拉伯沙漠中拍摄。

在阿拉伯联合酋长国首都阿布扎比演讲。

在阿拉伯联合酋长国的沙漠冲沙之旅与我的骆驼朋友偎依。

第一次在迪拜玩
跪板划水。

在迪拜的香格里
拉大酒店与我的
好友阿莉娅同台
表演。

在飞机的风洞里向迪拜乘务员学习飞行。

在东京外面的镰仓竹林中做倒立。

在日本东京排练时拍摄。

在香港面对如此多的观众发表讲话，是一件激动人心的事情。

与我的朋友迈克在
哥斯达黎加戴水肺
潜水。

第一次在澳大利亚悉尼冲浪。

在澳大利亚悉尼，我手持一条缅
甸巨蟒，努力克服内心的恐惧。
这只巨蟒的名字叫珍妮！

在小甜甜布兰妮举办演唱会期间，
我在澳大利亚悉尼观光留影。

在洛杉矶练习翻转。

在令我梦想成真的城市
演示我的招牌动作。

在好莱坞罗斯福酒店练习，为夏恩的灵感年度盛会做准备。

东京塔跟前拍摄的倒立图。

我在毕业典礼上发表第一次演讲。地点就在洛杉矶。太荣幸了！

享受尼亚加拉瀑布的美景和声音。

在盐湖城外面的一所规模较大的高中演讲。那些孩子真棒！

在东京机场穿着我的第一件夏季和服留影。

我在夏威夷爬过一些极其陡峭的峭壁拍摄的这张照片。这绝对值得！

在加利福尼亚州萨克拉门托的基督教中心演讲。

一切皆有可能

EVERYTHING IS POSSIBLE

[美] 珍·布里克（Jen Bricker） 著
唐宏才 译

海南出版社
HAINAN PUBLISHING HOUSE

版权合同登记号：图字：30-2017-133 号

图书在版编目（CIP）数据

一切皆有可能 / (美) 珍 · 布里克 (Jen Bricker) 著 ; 唐宏才译 . -- 海口 : 海南出版社 , 2018.5

书名原文 : Everything Is Possible

ISBN 978-7-5443-7550-4

Ⅰ . ①一… Ⅱ . ①珍… ②唐… Ⅲ . ①珍 · 布里克－生平事迹 Ⅳ . ① K837.125.6

中国版本图书馆 CIP 数据核字 (2017) 第 243141 号

一切皆有可能

作　　者：(美) 珍 · 布里克 (Jen Bricker)
监　　制：冉子健
策划编辑：曹伟涛　曹福双
责任编辑：孙　芳
装帧设计：肖　杰　马延利
责任印制：杨　程
印刷装订：廊坊市长岭印务有限公司
读者服务：蔡爱霞　郄亚楠
出版发行：海南出版社
总社地址：海口市金盘开发区建设三横路 2 号 邮编：570216
北京地址：北京市朝阳区红军营南路 15 号瑞普大厦 C 座 1802 室
电　　话：0898-66830929 010-64828814-602
投稿邮箱：hnbook@263.net
经　　销：全国新华书店经销
出版日期：2018 年 5 月第 1 版　2018 年 5 月第 1 次印刷
开　　本：880mm×1230mm 1/32
印　　张：6.5
字　　数：118 千
书　　号：ISBN 978-7-5443-7550-4
定　　价：39.80 元

CONTENTS 目录

FOREWORD 前言

我是2014年9月在比弗利山庄举行的一个活动中首次见到珍的。当时我把她介绍给观众，观察他们的反应。他们瞬间被她完全折服了，就像以前见到我的时候那样。

可以清楚地看出，珍和我就是从这第一次见面开始有了默契。我能遇见一个和自己有如此多共同理念和目标的人的情况并不多：有远大的梦想；拥抱上天所赐予的一切；给阴暗的地方带去光明；传播希望、信心、爱与和平。

她做这一切不仅通过语言，还通过自己的行动。在她面对逆境时，她从不允许逆境阻挡自己的快乐和目标。她的信仰是不可撼动的。她不仅感谢上天赐予的天赋，也感谢尝试、失败和成长的机会。我和珍谈到了我们如何把自己的“残疾”看作优势：上天不犯错误，我们两个都不是个错误。

像她这样的故事非常罕见，而且我感到自豪的是，在我遗憾地被通知无法接受“态度决定高度”的演讲局演讲邀请时，她是少数几个我信任的且接受了发言邀请的发言者之一。因为她有勇气真正花费工夫到那里分享自己的故事，我为她感到自豪。

但我也相信这只是个开始。珍·布里克创造了很多奇迹，无论她是在进行空中表演，还是在成千上万的人面前讲话，我都迫不及待地想要看到她翱翔。

——尼克·胡哲

ACKNOWLEDGMENTS 致谢

首先，最重要的是要感谢上天。没有它，我生活中的一切都将一事无成——我万事万物的指引力量！

感谢我的父母，感谢他们成为摇滚明星，支持我想要尝试或做的每一件疯狂的事情！感谢我的哥哥——格雷格、布巴和布拉德——感谢他们从第一天起就一直爱我（还要感谢他们没有给我取个稀奇古怪的名字！），并且教会了我如何“钓”男孩，不怕把自己变成“泥猴儿”！

感谢我的姐姐克里斯蒂娜和多米尼克，从我们见面至今已经十年了，我简直不能相信。时间真是转瞬即逝！

非常感谢克劳福德郡的整个社区（教师、教练和伙伴们），他们为我的整个生活提供了支持。有幸在这样一个强大的社区扎根，有幸拥有这个社区的强大价值观，我不胜感激！

克瑞恩，你是任何人都求之不得或梦想得到的最神奇、最好的朋友。我真的不能想象没有你我该怎么生活。

格兰特，从我们字面意义的第二次会面开始，你一直待在珍·伯格团队。感谢你推动我、爱我，始终相信我！

我想对那些在别人害怕的时候给我机会的人们表示感谢，对在我一切人生旅程中遇到的所有“天使”表示感谢——谢谢你们。你们知道都有谁，你们把我留在你们家里。在完全不必如此的情况下喂养了我，用美酒和食物招待我，不厌其烦地向我表示关爱。我永远不会忘记你们是谁，永远不会忘记你们为我所做的一切。我只希望有一天可以向你们回报爱——更多的爱！

我需要向我的作家谢尔伯·伯克大声呼喊。

没有您，我真的做不到这一切——你是一个奇人。我非常庆幸自己能有那么多时间与您在一起，谢谢您从第一天起一直雄心勃勃地留在珍团队！

多谢弗里欧文学期刊的弗兰克·韦曼为本书的成型所提供的帮助。

多谢总是为我打架的我的“犯罪同伙”约书亚·施赖夫。

感谢尼克·胡哲和我一起分享那种快乐坚实的友谊。

感谢洛杉矶黎爱丽缇教堂的所有人，那个教会（你们每个人）改变了我的生活，你们是祷告的结果！

感谢我所有的杂技演员和空中飞人，感谢你们从第一天就一直相信我。感谢麦克斯，一位令人惊讶的空中编舞、朋友、空中飞人，帮助把动作组合在一起，还帮我找到了住处和训练场地！

感谢“妙手”杰里米·考沃特设计了显示绝对扣篮的美丽封面。我的朋友，你太棒了！

感谢贝克整个团队的狂热支持！布雷恩，和你一起工作让这本书问世是一种绝对的快乐！艾米，谢谢你一路走来所付出的热情。马克，你一直是绝对的恩赐。我真的无法想象还有谁能陪伴我完成这本书。我超越了自我，感谢你们每一个人！是你们使这个过程如此完美，感谢你们对这本书以及我本人的强烈、热情的信任。

INTRODUCTION 引言

虽然她很小，但她很猛烈！

——威廉·莎士比亚《仲夏夜之梦》

所以事情就这样发生了：我飞向了卡塔尔的IPC世界田径锦标赛，从一个巨大的热气球上悬挂下来。提醒你一下，不是那种下面带有漂亮柳条篮子的热气球。我实际上是靠衣服的面料附在热气球上。我看了看那个机构，倒抽了一口凉气。真是太了不起了！我从来没有在热气球上表演过！当组织者要我来卡塔尔，给我大概解释了他们让我表演的创意之后，我没有想到表演有这么神奇和壮丽。我所在片段的数字已经编排在入口处——他们费了很大力气吹起了一个巨大的气球，有一个三人组成的小组走出来，把气球高高举在头顶上。这个气球是以极高的精度完成的，所以，像在其他任何令我望而却步的东西面前一样，我知道我不能退却。回想起来，这次表演是我最喜欢的“自虐”时刻之一——离奇和酸爽、艺术与疯狂的完美结合。我的意思是，是谁完成了这次表演？我，显然是我！整个表演过程我都高高地浮在上面，得意地看着下面欢呼的人群，一个简单的想法不断重复在我的脑海中：老天多么仁慈！

在我心中，毫无疑问我是有福的，虽然乍一看，也许你会不以为然。我没有腿，这个事实不容忽视。但是很久以来，我从来没有在自己身上发现自己和其他人有什么不同。如果我有什么想做的，那我全做到了。如果我想成为冠军杯得主或空中艺术家，失去一双手臂也拦不住我。我的方法很简单：不犹豫，不恐惧，不担心“意外”。如果某个障碍跳出来挡在我面前，那我就会创造性地想办法绕过它。这是一种人们没有学过的生活态度，这或许就是人们一直向我征求意见的原因。如果你不害怕生活，生活就是一个迷人的旅程。也就是说，我从来没有觉得我有什么要证明的。我就是我，而且我拥有自己。人们常常问我：“如果你生下来就有双腿，你会愿意吗？”不可能！老天恩赐我这份礼物是有原因的。是的，我说的是礼物。我不认为自己是“残疾”“残废”或存在任何方式、形状、形式的缺陷，每天我都对自己的身体心存感激。如果我生下来就有双腿，我就不会得到这种以积极的方式影响人们的特殊机会。

也许从表面看，我似乎没有受到礼遇。毕竟我的生父生母在我出生那天就抛弃了我。但我却认为老天保护了我，他有更大的计划。他知道必须把我带到正确的地方，找到可以培养我才能和天赋的合适的人选，教会我去拥抱他们。

他知道自己在做什么——他总是心中有数！是的，我有福。我的养父母是我的英雄，因为他们教我在别人可能看不到的地方看到了力量和美。每当我面临挑战时，他们告诉我要坚持下去。过去这样的例子有很多，将来还会有更多。前几天我参加了一堂尊巴健身舞课，一位女士问我：“你怎么做到的？”好吧，我怎么做不到呢？我怎么会划皮艇、跳伞、溜冰、打篮球呢——这份清单是列不完的。具有讽刺意味的是，我讨厌静坐（没有腿，我看起来似乎总是坐着）。从我开始会爬的那一刻起，我一直在不停地运动。我的父母带我去见的第一个医生告诉他们，我的一生都要让人抱来抱去，必须用一个“桶”支撑。这无所谓，布里克家庭不认为他们的小女儿会过这样的生活或者不希望这样的生活降临在他们的小女儿身上，他们从来不让任何人或任何东西阻拦我。

我有过感到沮丧、不安、糟糕的时候吗？这还用问！是人都会这样。小时候我经历了很长一段时间身体存在严重问题的阶段。那时，我不喜欢镜子里自己的样子。我希望自己高大，希望自己能有一双芭蕾舞演员般的精致手臂。可事实却相反，我身材矮小，却长着健美的肱二头肌。我不得不自我反省，最后我得出结论：老天给我这副身体是有原因的。然后他随着这副身体给了我这些才华和能力，所以我会抓住人们的注意力，这也是我教育、启发、激励人的机会。

这是这本书要突出的部分内容，我还想与读者分享造就我的所有错综复杂的因素。也许读者早已读过我的故事，甚至听过我讲话，而那只是肤浅的表面。我喜欢冒险，有艺术才能，热情，有缺点，充满激情，没钱，没头脑，体格健壮，很有女人味，又很俏皮。我是妹妹、女儿、最好的朋友、姑姑、姨姨、航空家、情人。我经历了不安全、怀疑、恐惧和虚弱等感觉，也经历过绝对幸福、极限冒险、激情满怀、爱得心跳加快的时刻。有时我想欢乐、兴奋和幸福得跳起来；其他时候我感到不知所措，感觉自己很差劲，感觉孤苦无依。我从来没有与人分享过我个人的这么多真实情况。

说实话，那时我还没有准备好。我认为强者永远不会暴露自己的弱点。但我现在知道，暴露自己的弱点才是真实的自己，把真实完整的自我“晒”出来需要很多勇气。用布吊在三十英尺的高空旋转，我丝毫不感到害怕，而要我敞开心扉让自己袒露无遗……却相当可怕。

但是就像我生活中的每一项其他挑战一样，我知道我必须这样做。我认为最终使我克服这个心理障碍的办法是找到自己的动机。我想让这本书的每位读者都能意识到一个简单、神奇的事实：你是有意义的。我们都有特殊的天赋和才能，使我们不仅独特，而且伟大。每个人都有改变某人生活的权力，每个人都有发言权，都有属于自己的舞台，都有以积极的方式影响世界的能力。这不仅仅是把柠檬变成柠檬水，或者把一杯水看成半杯，而是要采取行动，是推动自己做自己想做的事情（我们姑且称之为目的）——不一定是你此刻正在做的事情。超越你面前的事务，想象那无尽的可能性。

一切皆有可能，这是我最喜欢的《圣经》中的一句话："对于信的人，一切都有可能。"（GW）看到它，相信它，让它发生。谁会想到那么简单呢？然而，我的生活就是证明。

有趣的是，我只有二十八岁，而且刚刚开始！我认为这是在我人生旅程中迈出的第一条腿（双关语！）。道路是清晰的——我迫不及待地想看到它要把我带到何处去。所以问问自己：如果你决定推动自己做自己想做的事情，你的道路会把你带到哪里？你可能会发现自己到了连做梦都不会去的地方。不必通过热气球上的空气飞腾……但是再问一声，为什么不呢？不要还没有试就打退堂鼓！勇敢起来，梦想要远大，要有信心，而且不要害怕往下看，下面的风景相当壮观。

CHAPTER ONE

第一章

生下来没腿的婴儿

我来到这个世界的时候没名没姓——确切地说，是一个“无足轻重的人”。我的罗马尼亚生父生母基本上抛弃了我，把我留在了医院，然而我并不恨他们。人们很难理解，我对他们没有愤怒。相反，我满怀感激。多亏他们这样做，才让我有机会进入了一个有爱的家庭，和我的父母布里克一家生活在一起，他们把我养大，还教导我：我的生活——每一个人的生活——都有一个目标。

当然，人生以这种方式开始很奇怪。在伊利诺伊州塞勒姆市的一家小医院里，我的生母卡梅利亚通过剖宫产手术生下了我。我出生时长着棕色的大眼睛，一头浓密的黑发，黑眉毛和黑睫毛，还有深棕褐色皮肤。而且我一出生心脏就长在胸腔的右边，而不是左边（好几位护士在试图用听诊器找到我的心跳时全都吓了一跳）。我有十三英寸长，比一把尺子长一英寸。令人啼笑皆非的是，这家医院在我出生后不久就关张了。我的家人戏称，在我出生后，没有人有能力对付得了我，所以他们不得不关门大吉！

卡梅利亚从来没有正眼瞧过我一眼，那是因为我的生父德米特里不允许她这样做——即使一瞬间也不行。有位亲戚说，给我接生的医生（也是一位罗马尼亚人）告诉他我会死的。也许他认为这太痛苦了，也许他正试图不让她痛苦、悲伤或遗憾，也许他只是惊慌失措，或者感觉照顾一个有特殊需要的孩子在情绪和财力上都力不从心，也许他认为他在帮我。

我不知道也不会忖度当时他脑子里想的是什么，我所知道的是，他检查了一下这个长着两个附肢的小婴儿——那两个附肢的位置本来应该是两条腿的位置，就认定这个婴儿与别人一起生活会更好。

所以，不，我不生气，这听起来似乎很不寻常。我不怪自己的生身父母，不抱怨他们或对他们怀有任何怨恨。在他们给了我一生最大的礼物——像我需要他们那样需要我的一个家庭之后，我怎么会怪他们、报怨他们或者怨恨他们呢？在收养我这个问题上，我的父母从一开始就对我态度诚实。他们不想让我感觉受伤、被遗弃或者讨厌自己的生父生母。他们告诉我：“珍妮弗，你必须明白，你的生父生母来自不同的国家，具有不同的心态。你没处在他们的境地，就不知道他们放弃你的真正原因。不管原因是什么，都没有关系。对于我们来说，你是我们梦寐以求的，是个奇迹。他们给了我们一份礼物，他们把你送给了我们。”

但我的养父母花了一段时间才找到他们的小礼物。一位社会工作者先把我安置在一个寄养家庭——一对慈爱的夫妇，我称他们祖母、爸爸（我和他们一起生活了三个月，但保持联系好几年，直到他们去世为止）。他们给我起了个名字叫霍莉·安。爸爸那时在铁路上工作，总是穿着工作服，所以我正好装在他前面的围兜里，像袋鼠宝宝待在袋鼠妈妈的袋子里一样。我们会在电视上看ALF（对于那些生在80年代末的人来说，ALF是一个“外星生命形式的”奇怪小木偶），我有一个小ALF雕像，我到哪都带着它。他们确保我安全、满意，几个月后，我成了布里克家庭的一员，我的父母仍然带我回去拜访他们。他们是第一个爱我的人，他们真的有着最宽阔的胸怀。多年以来，他们培养“难以安置”的孩子，看到了许多悲伤、不幸的孩子。尽管我存在明显的“健康”问题，但我和他们不一样。鉴于我的“特殊性”，您会认为把我安置在一个长期家庭里是一项艰难的任务。但事实并非如此，有三百多对夫妇想要我。有时我想：我可以长成另外三百多个吉恩的样子。这几乎就像一个数学概率方程：如果吉恩和x还有y生活在一起，她会等于什么？抚养我的方式帮我长成了今天的样子。我很感激老天做了这个安排，非常感激。

祈求奇迹

在我出生的时候，沙龙·布里克和杰拉德·布里克（即将成为我的父母）住在伊利诺伊州的哈丁维尔，一座位于该州东部的中部某处的小镇。当时他们已经有了三个男孩儿：格雷格、布莱恩（又名布巴）和布拉德，他们一个十四岁、一个十二岁、一个十岁。可是，他们拼命想要个女婴。我的母亲因为卵巢囊肿不得不接受了子宫切除手术，她知道自己永远不能再生育孩子，所以祈求老天让奇迹发生。她忠于自己的信仰，一直相信：世界上肯定有一个需要这个家庭的小女孩。这个女人怀着圣人般的耐心！

有一天，一位正在收养小孩的朋友打电话给她，告诉她听说了我的事情。那一刻，我妈妈知道，她的祈祷应验了。她告诉了我爸爸，他也和她同样兴奋。然后他们俩都跑去找我的哥哥们。我的父母问我最大的哥哥格雷格："你把约会对象带回家，把她介绍给你没有腿的妹妹，会有什么感觉？"格雷格连想都没想就说："如果有人不能接受她，我是不会想和她约会的。"他们与我的哥哥们一起预演了每一种情况，确保他们安然无恙。然后等全家人都达成了共识，他们就开始把计划付诸实施。

我妈妈说自己100%诚实。她把所有理由都告诉了社会工作者，说到为什么我们家不需要更多的孩子，为什么自己在内心深处知道“必须”要我。我父母花了两个半月时间才真正见到我。在等待的整个阶段，他们连我的一张照片也没见过，这是有意为之。收养机构和社会工作者们想要确定我未来的新父母在见到我后会如何反应，想看看他们如何应付改变，如何喂养我。

我妈说，前一天晚上她一直六神无主，坐立不安，躺在床上辗转反侧，担心我会不会和他们亲近。所有这些忧虑，在他们踏入我寄养家庭门槛的那一刹那全部消失了。我小脸放光，脸上露出了巨大的笑容。我妈妈说，在那一刻，她知道大事已定，感觉自己似乎找到了灵魂缺失的部分。我脸上的笑容在说：“你们终于来了。”这是亲属的直接感应，照顾我，成了我父母的本能。虽然我的寄养父母给我换尿布一直很费劲（我是一个滑溜的小东西！），可我妈妈却做得得心应手。“很容易！”她大声说，“我的办法是忽略她的小腿儿！”

从那天开始，我就成了珍妮弗·布里克。我的哥哥们得到许可可以给我起名字，不过设了个圈套：他们必须就同一个名字达成共识。他们争辩了几个小时，直到其中一个说了“珍妮弗”，然后他们都点头表示同意。我妈妈告诉我，在了解新家的过程中，我经历了一段调整期。有两个星期，我都不肯笑。后来有一天，我的一个哥哥打了个喷嚏，我突然歇斯底里地笑了起来。所以他一直一遍一遍地打喷嚏，以便他们可以拍到我笑的第一张照片！就是这样，从那天开始，我一直是一个快乐的小宝宝。我的哥哥们和我在一起都有自己要做的事情。格雷格喜欢在做家庭作业时把我放在胸口上；布巴会把我固定在他围裙工作服的前面，把我带走；布拉德总是给我奶瓶。有了个小妹妹，他们非常兴奋——我就像一个闪闪发光的新玩具！

为了让我父母带我接受一次全面的医疗评估，社会工作者预约了密苏里州圣路易斯的红衣主教诊所。评估的结果令人黯然：医生想给我做一个“桶”状容器让我坐进去。他们认为，如果没人抱我，我永远不可能学会坐、学会爬或从一个地方移动到另一个地方。我妈妈坐在医生的办公室里痛哭欲绝。但我爸爸不同意他们的预后诊断。“不会！”他坚持说，“这不是她的未来，我们不接受。”

所以他们带我去见另外一拨儿医生，这一次是在圣路易斯圣地兄弟会会员儿童医院。“我想知道，”我爸爸问他们，“她能坐起来吗？她将来是什么样？”

这一次，消息令人鼓舞。医生微笑着说：“布里克先生、布里克夫人，这个小女孩将来会做的事情你们甚至连想都不敢想。”

但是，不，他们“可以”想象出来。从那一刻起，我们都有了“让我们尽力去做”的态度，没有任何事情会阻挡我。我的父母从来没有把缰绳拉得太紧，但也从来没有对我放任自流，不加约束。要求哥哥们做到的，也要求我必须做到。仅仅由于我没有腿，并不意味着我就该得到特别的优待。我要以一个正常小女孩的方式长大，我的父母永远不会接受任何退而求其次的东西。他们没有对我娇生惯养过，或者用与宝宝说话的语气和我交谈。我是个话唠，从我开口讲话的那一刻开始，就非常直接地表达我想要什么。开始是我在婴儿床里把自己拉起来，我会喊：“抱你，妈妈！”意思是“抱我”！我不仅可以坐起来，还可以快速移动！快得连我可怜的父母都跟不上。我的妈妈叫我“老鼠”，因为我会以闪电般的速度溜走。我经常用自己的小胳膊拖着自己跑，身后的地上留下一路粉红色的纵容。我的哥哥们几乎从我会爬的那一刻开始就训练我跳离沙发。他们把枕头放低，以免影响我下落，但他们会鼓励我。我从来不拒绝挑战，我无所畏惧。

五岁之前，我需要做两个手术：一个手术是摘除生长板——从臀部向下生长的一部分骨头；另一个手术是去掉两个附肢，这样我就可以更好地装假肢了。我的家人戏称附肢是我的“脚蹼”，其中一个附肢上长着最可爱的大脚趾，另一个附肢有一点不成形。作为一个婴儿，我喜欢音乐，并会与音乐的节奏合拍。因为太小了，我不记得那些住院的时间。但父母告诉我，我待在医院里从来不害怕，从来没有发过愁。护士们都特别喜欢我，我安慰他们："别担心，我很好！"我是个意志坚强的人。

我的贵人们

在这些方框里，你会遇到我生命中最重要的人，他们真实地分享与你共同的回忆。我谦卑，还有点羞怒，但最主要的是谦卑。

我的妈妈：沙龙·布里克

当我告诉父亲来宝·瓦尔德洛普我们正在收养一个女婴时，他犹豫了。之所以犹豫，不是因为她的出生方式，而是因为他不知道自己能不能像爱其他外孙那样爱她，她和他没有血缘关系，而这在心跳之间就改变了。我带她去了我父母家，他疯狂地爱上了她。他们之间有一种紧密特殊的联系，特别是在他最后的日子里，珍妮弗给他带来了欢乐和安慰。他靠氧气罐支撑时会情绪低落，我妈妈会打电话让我们带她过来。每次我们这样做了，他就立刻振作起来。我记得，她会唱歌给他鼓劲儿——不管他在如何承受折磨，她都是他最好的良药。我记得我看着她，心里惊异于她与人沟通的天赋。今天，每当她在人群面前讲话，就好像她在亲自与房间里的每个人交谈。她拥有的朋友比我认识的任何人的朋友都多，这是因为遇到她的任何人都会立刻爱上她。我想起她和我父亲在一起的情景，很久以前我就已知道她有神赐予的鼓舞人心的天赋。

我可以做到

长大一些之后，我的性格真正开始显现。我事事追求完美，不肯认输！和三个哥哥一起长大当然促成了这种性格。格雷格教我到盖茨布鲁克斯跳舞，他也带我去参加了他的许多约会，原因可能是因为我是一个坦率的小喷泉——我愿意把我的诚实意见告诉他！哥哥们都会向自己的朋友吹嘘我有多么强壮，因此，很少有人会接受我用胳膊角力的挑战，他们不想被一个小女孩打败。成年后，我可以看出，与哥哥们一起长大让我更了解男孩。说老实话，他们比大多数女孩更容易相处——一点也不夸张。我生活中的大多数朋友现在都是男孩，几乎我的所有室友也一样。我想我怀念住在满屋都是男人的房子里的日子！

我还有个姐姐，名叫乔迪，是爸爸和妈妈结婚之前与前妻生的女儿，比我大十五岁左右。我成长过程中见到她的时候并不多，因为她住在几个州之外。可她总会尽量记住我的生日，她也会来和我们一起过圣诞节，这总是令人感动。年长之后，因为经常旅行，我看见她的机会就稍微多一点了。只要我在科罗拉多，都会尽量通知她，以便可以见面。

作为一个孩子，任何身体挑战——一项运动、一场比赛、爬树，都有我的份。我父母说起这个有趣的故事时讲到，我还是个婴儿的时候我有多喜欢水，而他们想让我游泳。他们把小型救生衣穿在我的胳膊上，但等他们把我放进水里放开我的时候，我的屁股径直浮起来，头却没入水中。这把我父母吓坏了！显然，普通救生衣不行，所以他们给我弄了一套一体装，上面连着一个小内管。这套一体装设计使我的下身待在水下，但我在大约六岁的时候决定宁愿潜水下沉，也不愿漂浮在水面上。我没穿救生衣直接跳进水里，我的父母没有阻拦。原来我天生就会游泳！四年级的时候，学校在罗宾逊当地的大学“林肯径学院”开设游泳课，在那里，我进了高级游泳班。我喜欢在水下闭气，有一天，当我在罗宾逊的城市游泳池里游泳时，我决定挑战自己：看看自己可以待在池底多长时间，而不用浮上来换气。救生员雷吉以为我被淹死了，跳进水里来救我。我记得他扎进水里，把我举起来，然后把我举到水面上。

“你在干什么？”我大笑着问。

他很尴尬，但我一点也不介意。我疯狂地迷恋上了他，任何时候他想“救”我，我都非常乐意！

我父母深信，我总是知道自己能够把握什么东西，什么东西不能把握。他们任我跳进游泳池——而且任我跃入自己的生活。他们把我看成一个大人，而不是一个孩子，即使小时候也如此。我想这就是我那么快就学会说话、学会拼写和阅读的原因。我家里的每个人都这样做，所以也期望我这样。我喜欢苏斯博士的书，可以熟练背诵《马文·K·穆尼请您现在去好吗》和《绿鸡蛋与火腿》。当我的幼儿园老师问我是否可以把这两本书读给她听时，我宣布："绝对可以！"而我当时真的只是靠家里人一遍一遍读给我听，凭着记忆才做到了这一点，直到现在我一直保守着这个秘密——我的老师认为我是个天才！

我父母也从来不担心人家会怎么看我。最初，我妈妈会做这个小祷告："老天，请让她的脸漂亮，好让人们注意不到她没有双腿！"这事有案可查，她说老天也做到了这一点——不过她有点小偏颇！而且我猜我还没学会谦虚。当人们停下来告诉我："哦，你好可爱啊！"我会回答："我知道！"

我妈妈的脸会变得比红布还红。

"珍尼弗！"她会告诉我，"我们不能那么说，我们要说谢谢您。"

我会回答："谢谢您。我知道！"

人们忘了，严格意义上说，我没有下肢。我妈妈高中以后最好的朋友有个比我小三个半月的女儿，她总是寄孩子穿小了的衣服过来。有一天，我妈妈收到一个装着这些旧衣服的箱子，打开后找到一大堆袜子和鞋子。她打电话给朋友，笑着问："我应该怎么处理这些东西呢？"她的朋友既震惊又尴尬，她完全忘记了我不需要这些东西，但是这样的事总是发生。我们小镇里的人和我相处得很舒服，他们很快忘了我和他们不同。因为他们忘了，所以我做得更好。

在我蹒跚学步的年龄——两岁左右的某个时间，我得到了自己的第一套假肢。起初，我惊恐地尖叫，讨厌假肢箍着我、戳着我，还让我找不着重心。那么异类，又重又笨，我太小，难以理解父母为什么要给我拴上这东西。等我再长大点，也开始习惯的时候，我爱上了这副假肢。我可以穿漂亮的袜子和鞋子，可以穿着它们到幼儿园。有一天，我去了浴室，不小心把假肢落在了那里。一个同学在我后面去了浴室，等他回到教室，脸色苍白得像鬼一样，他对着老师喊道："浴室里有双腿！"老师马上把我带到一边，提醒我不要把假肢落在那里。再长大一些，我变得更加活跃，不想长时间戴假肢了。最后，我只有为了装饰才戴假肢。

我参加的第一项运动是垒球。垒球我从一年级一直打到了三年级。我头发特别多，因为我的马尾辫很大，我的头几乎戴不上头盔。我的几个哥哥和教练教我冲到第三条基线，给自己争取更多时间进垒。但我们很快就意识到，我的速度快如闪电——你真正看到的只是我跑过之后扬起的一股尘土。我记得有一次我向右击球，把球打给第一个垒手。没人认为我会及时进垒，但我一直在跑。我的双眼一刻也没有离开过那个垒，等第一个垒手刚想捡球的时候，我已经一头扎了过去摸到了垒。安全！对我而言，这是一个伟大的教训，一次重要提醒：我的眼睛永远不应该离开自己的目标。即使有些东西看起来似乎绝无可能，哪怕在游戏结束时的最后一秒，事情也可以改变。

垒球几乎贴近地面，而蹦床却往往是飞向天空。我玩这个游戏时把它称作玩“爆米花”，因为玩这个游戏的时候，我向人们挑战，说要看看谁可以弹得最高（我总是赢）。我下决心还要学会打篮球，我的特长是投球。投篮绝对更难，因为我太矮了，几乎紧贴着地面，不过，我只是不得不更努力些。

六年级的时候，我还决定要尝试排球，因为科恩先生是教练，而且他不费吹灰之力就可以保持镇定。他还教艺术，我一直对艺术家着迷，虽然我自己的“艺术细胞”尚未显现。看到我需要在排球场上树立信心，因此，他并没有把这件事看得很轻松。发球的时候，我极不自在，非常紧张。因为我实在太矮了，所以在后场从各个方向发球都很困难，我发的球一次次撞在网上。他教我站在侧面，向另外一个方向击球。当然，我不是球队的明星主攻手，但我在中后卫却表现优异。在球落得很低的地方，猜猜谁已经很低而不必跪在地上接球呢？本人！

我认为每个认识我的人都只是在等着看下一步我会做什么。我不断地做着人们认为我不“应该”有能力做的事情。我的父母是唯一对我身体的动作不一惊一乍的人。当我想要尝试什么新东西，却沮丧地说“我做不到”时，他们就会骂我，他们会说：“在我们家，‘做不到’是个糟糕的词语，你不应该用它，珍妮弗。”所以在我长大的过程中，满脑子想的都是：只要我下决心去做，我可以做到任何事情，就像我最喜欢的一个故事里的那列火车一样——无所不能的小火车头。我认为我可以，我想我可以。直到今天，我仍然喜欢那个故事给我的启示：勇敢、坚持、相信。在我们尝试新事物时，我们会发现自己有多么强大，并且意识到唯一的限制是那些我们强加于自己的东西。

有一天，我告诉父母我想去玩滚轴溜冰，我从来没有考虑过自己可能需要双脚穿上旱冰鞋。当你不知身在何处的时候，活动就会受到限制，所以滚轴溜冰场就成了我要去的地方！我让父母带我去商店买双冰鞋，他们带我去了，丝毫没有犹豫。导购一定认为我们失去了理智！这个女孩要溜冰鞋干什么？如果我认为我可以滑冰，那我父母就不仅会相信我可以，而且会相信我一定会去做。我把冰鞋放在手上，托着冰鞋走人了。学会在溜冰场上转圈花了我一段时间——而学会倒滑用的时间甚至更长，但我就是不肯停止尝试。而在我确实做到了的时候，所有人都鼓起掌来。我觉着自己像个明星！

在溜冰场上，我最喜欢的时刻是他们喊出“哇”的时候。因为我那么小，弯腰钻杆可以低到无与伦比的程度。我到底可以弯多低？他们从来没有见过！

开明的父母

我拥有最幸福、最正常的童年。我收集了十几个豆豆宝宝、波莉娃娃和头发毛茸茸的巨魔娃娃。有一天，我抱着其中一个我最喜欢的娃娃（一个有着明亮的蓝色头发的巨魔）散步，街上一位女士说："你的宝宝好丑啊！"我发誓妈妈想打她，因为妈妈看出这位女士的话说得我非常沮丧。

"妈妈，"我哭了，"她说我的宝贝丑陋！"

妈妈把我带到一边，轻轻地解释说，每个生物在老天的眼中都是美丽的。她告诉我："你的宝宝不丑陋，那位女士刚刚遇到倒霉事儿了。"

我们的外在身体只是我们作为人类的一部分，我们的内在也同样重要，也许更重要。我父母带着最完满的心和最大的信仰把我带入了他们的家庭和生活。他们知道，生活对我来说不会一直轻而易举。他们知道，我会经历挫折和痛苦，人们看我的方式和那个女人看我巨魔娃娃的方式一样。他们也知道不能总是保护我，我必须学会照顾自己。他们感到责任重大，有责任尽可能让我做好应对一切挑战的准备，不管我面临的挑战以什么方式出现在我面前。永远不能选择"不能"，永远不能选择恐惧。我宁肯摔得鼻青脸肿，也不愿因为没有尝试而抱憾终生。我有幸拥有一对有着足够勇气的父母，敢于让我尝试，让我失败。

对于我的身世、我是被收养的这个事实，我父母态度非常开放，他们从来不认为这应该是一种耻辱或尴尬。有些孩子生下来就和父母亲生活在一起，有的是选择的结果。我妈妈说，小的时候，有一天我问她："妈妈，你认为我父母放弃我是因为我没有腿吗？"她回答之前凝视思索了很久。

她轻声说："珍妮弗，妈妈的肚子坏了，老天发现了很好的女人，她的肚子很好，可以在我找到你之前让你一直住在里面。"

自此之后，我从来没有再质疑过这个问题。这对我是完全有道理的，老实说，至今还是完全有道理。

要信

这些事情我已经全身心地了解并深信不疑了。仔细想想它们对你自己生活或情况的适用程度，并在任何你认为合适的地方和时间使用这些观点。我不会去"教育"你或告诉你该做什么。我不是那样的人（虽然我的哥哥们可能不这么认为，因为他们认为我可以相当霸道）。但我会告诉你这一点：世界上的任何知识，如果你不加以应用就不会给你带来好处。在学习什么东西的时候，你需要让它发挥作用，否则就会像手里抱着篮球却永远不跳起来投篮一样！

万事有因

要相信每一次的经验——好的、坏的或丑的——都会把你的个性塑造得更好。每一个错误或不幸都是成长和学习的机会。只是一个看到奋斗目标的问题，你经历每一件事情的方式都是人生旅程的一个部分。我生下来就没有腿，我可以选择一种消极的态度，认为我倒霉，我想任何人都不会反对。但我不会……永远也不会。相反，我把自己的身体看成一个巨大的优势，因为它为我提供了机会，让我拥有一种非常独特的生活观点。

当然，在某些方面，我生活得并不容易。要是不说，那就是撒谎。但是，选择一条消沉的路太容易了，我不喜欢。相反，我更愿意专注于没有腿这件事给我生活带来的所有积极因素：机会，人气，人们可以听到我声音的机会。而当我真正想到所有这些事情的时候，好的一面压倒性地战胜了坏的一面。底线是：如果我不是生下来就没有腿，我不会有我现在拥有的生活。我肯定也不会写这本书！

C H A P T E R T W O

第二章

一束能量

我们养大了两头骡子，一头叫萨迪，一头叫萨姆。尽管没有双腿可以放入马镫，但我也可以骑马和骡子。我只是想出了一种方法让屁股牢牢地坐在马鞍里，让体重保持平衡，既保险又稳当。有一次我骑着萨姆，而它因为某种原因受了惊，向右来了个急转弯，直接撞在了晾衣绳上。我弯下了腰，然后它一蹦，开始背着我，朝着公路跑去。我摔下掉在骡子一侧，一只手挂在鞍角上。它不停地全速奔跑，冲到街上，飞奔而去，可我却不肯放手。我记得回头瞥了一眼，看到我父母和哥哥们正惊慌地在后面追赶。

“不准尖叫！”我向他们喊道，“冷静！”我镇定得像一座山。

他们最终让萨姆慢了下来，回到了草地上。它停下来的时候，我仍然挂在鞍角上，我自己固执得像头骡子。这让家人受了一场惊吓，不过我还好，毫发未损。我和萨姆有点像发动了一场小逃生行动!

我从来没有像小孩子那样精疲力竭过。说真的，我就像那只力气永远使不完的小白兔。任何人想让我放慢速度，都很难做到。慢，不是我速度的一种，坦率地讲，我天生没有装刹车。我所在的小学雇了一位名叫彭妮·卡曼的可爱女士担任我在幼儿园的私人助理。可我不需要任何人帮助，我很快就让彭妮明白了这个事实。不，我上下校车不需要帮助。不，我不是残废。不，我不需要自己走到哪吵到哪。靠自己，我到哪里都可以好好的，谢谢您。作为一个只有五岁的孩子，我可能让彭妮有点难堪，但是她明白了，她知道我拼命想让自己看起来像个“正常”孩子，坐轮椅会碍事的。

“我不能坐马车吗?”我问，“你可以用车拉着我!”

所以她打了几个电话，找人给我专门做了一辆坚固的红色小货车。车轮向前滚动，我觉得自己坐在里面看起来很酷，甚至更爽，所有孩子都想上来坐坐。

休息是学校时光中我最喜欢的时刻之一，因为我渴望待在外面，在石头中间玩耍，把秋千高高地摆起（太高了），倒挂在猴架上。我总是最后一个站在旋转木马上，而所有其他孩子都会跌跌撞撞，头晕目眩。由于老天的眷顾，我很少在只有一个包、一块瘀伤或擦痕时就肯罢休。什么事情我都会尝试一次（通常是两三次）。我抓住一切机会把自己弄脏，弄得满身灰尘。妈妈会给我穿上漂亮的女性化服装，可我回家的时候总会满身污垢，像刚参加完泥摔比赛，而不是待在教室里。她还把我的头发扎成辫子，我回家的时候辫子几乎完好无损。头发对我妈妈来说是件大事。她小的时候留的是短发，可她讨厌短发。她的女儿决不会留短发！我的头发又长又密，所以，为了不影响我走路，马尾或辫子必须盘在头顶。我记得，我的头发一度比我整个身体的长度还长！如果我把头发散开，头发会拖在地上，上面会沾上树叶。我很不喜欢妈妈给我梳头的时候，为了解开缠在一起的头发，她得追着我到处跑，得让我安静地待很长时间。这时候我就会哭闹，她常喊我家的老猫米奇过来帮我捉"我头发里的老鼠"。这样我就会笑起来，梳头也就不会感觉那么难以忍受了，但效果并不太好。

我带午饭去学校，午饭装在饭盒里，饭盒的形状是米老鼠的脑袋。是的，掀开米奇的脑袋，看到的是花生果酱三明治、卡普里太阳果汁袋和摆在小吃旁边的水果。我最喜欢的其他午餐还有波隆纳、奶酪和玛雅三明治。如果闭上眼睛，我现在仍然可以想起它们的味道。有点好笑，我总是显得饥肠辘辘的。深夜我喜欢吃谷类食品——肉桂面包紧缩麦片、嘎哑船长、苹果肉桂脆片。我荒诞地把黑色糖浆倒进牛奶里，成加仑地喝下雀巢巧克力牛奶。我想我可以轻易地快速消耗掉这些糖分。哈，年轻！

我记得我曾经疯狂地迷恋JTT——情景喜剧《家居装饰》里的乔纳森·泰勒·托马斯。我听过超级男孩组合和后街男孩的歌，但我的第一张CD是英国辣妹组合——我是彻底的时髦辣妹！我喜欢看尼克儿童频道播放的《嘿，阿诺德！》《你害怕黑暗吗？》以及星期六早上《乐一通》时段的卡通片。我很乐观，认为歪心狼至少会抓住哔哔鸟一回。我是《恐龙战队》的铁杆粉丝，当然，我想成为粉红色战队的一员。

我永远像股龙卷风一样难以压制，不肯相信有任何东西不安全。我总是想方设法说服自己测试自己的极限，总是挑战人们对我的期望（别提重力！）。唯一能让我安静下来的时候是地毯时间，这个时候，布彻太太会把全班小朋友召集过来，让大家围着她坐在小地毯上，听她讲话。

我非常非常非常喜欢布彻太太！她身材瘦小，大约不到四英尺，有着温暖的声音和甜美的微笑，我被她迷住了。我认为，我也非常喜欢让身体接近这个圈子里的每个人，端详他们的面孔，观察他们的反应。（也许我就是从那时候爱上观察人的）你可以仅凭观察某人的眼睛就了解他很多东西。我喜欢设法搞清楚我的同学做出某种举动的动机。想到我可能看出他们的心思，我就非常得意，私下里希望掌握这种超能力。

我记得在我们教室的角落里有这样一个色彩明亮的小剧场，

我们可以爬进剧场里，可以爬到剧场上面，也可以从剧场里穿过。我总是在这个剧场里玩，藏在里面，即使在我不应该玩耍的时候。我还记得画架上的画，所有的颜色，还有我们用来冲洗刷子的水杯们。我喜欢把又厚又粘的颜料混合在一起调制新的颜色。当我得知黄色和蓝色会变成绿色时，我惊呆了，这谁知道？

我当时开朗，爱说话。布莱克是我交的第一批朋友中的一个，他是个很酷的孩子，背后拖着一条长长的鼠尾草。我们是在幼儿园注册报名的时候认识的，中学期间我们仍然是朋友，以后很长时间我们仍会是朋友。还有阿什利，我记得有一次，她和家人去墨西哥度假，回来的时候她皮肤黑黑的，头发扎了很多小辫儿，发梢上配着珠子。我想，到世界上的其他地方旅行，回来的时候因为旅行而改变，这是多么神奇啊。在写书的同时反思自己的生活，会让自己明白很多东西，这真是太逗了。即使很小的时候，我也酷爱旅行。住在一个地方或者住在一个小镇上，这是不可能的。

我认为大多数孩子喜欢我风趣、大胆、总是说干就干的性格。我还是个话匣子，基本上从来没有闭过嘴。我曾经收到的每一张报告卡都写着同样的内容：“珍很伟大，有良好的组织能力，能够合理地利用自己的时间，与他人合作良好……但她在课堂上说得太多了！”我记得幼儿园里只有一个孩子没有立刻去找我。有一天，院子里休息的孩子中不知道从哪冒出来一个女孩，把我从轮椅上推了下去。我重重地落在一堆岩石上，只是愣在那里，一动不动地盯着她。坦率地说，我真的很困惑，想知道到底出了什么事？我做了什么会让她这么生气？答案是没有理由，我什么也没做。其实根本与我无关，都是她自己的原因。这让我吸取了宝贵的教训：暴力很少是针对暴力对象的。她处在痛苦之中，需要发泄，我很容易成为目标。不过，她事先应该已经反复考虑过了，因为我所有的朋友都冲到我身边，开始一边倒地斥责她！

想象一下

孩提时代总是处于运动状态的不仅仅是我的身体，我的脑子也在不停地旋转。我一旦掌握了阅读能力，我就在我们外面的苹果树上找到一个小地方，把我的战利品都藏了进去。我会爬到高处，把自己藏在几根坚固的树枝之间，艰难地读完了一本又一本书，读完一本又会激动地打开另外一本。这是我的第一个“私人专属时间”，在我的第一个“私人专属时间”里，我明白了找到时间和空间、与我自己以及自己的思想对话是多么重要。

——我的贵人——

我的幼儿园老师：克里斯蒂·布彻

我记得珍妮弗在幼儿园第二天的情景。她坐在轮椅上进的教室，她父母和其他父母一起离开了教室。她环顾四周的时候，眼睛睁得大大的：不是紧张，而是惊奇。我让人建了个小小的画室，她身上穿着件漂亮的小礼服。我转过身才两秒钟，当我回头再看时，她已经把椅子挪了过去，爬上了椅子，然后从椅子上爬到了一张小桌子上。我不知道她是怎么做的，但她做到了！她从头到脚裹满颜料，却快乐得像只云雀！我对自己说，我该怎么办？我该说什么？这当然不在我的计划之内！但显然是她的计划。所以我说："珍妮弗，你在干什么？"她睁着那双大眼睛看着我，回答说："我是个艺术家，我在做一件艺术品。"我们复习课程规则时，我不得不努力绷着脸：做事情是老师说该做的时候才做——而不是在你做的时候做。

她的意志如此强烈！她会摘掉双腿假肢，而我会问："你为什么这样做？"她的回答是："因为没有它们我可以跑得更快，它们碍事。"学校想要为她改变建筑物的物理结构，加上斜坡和一把电梯椅。珍妮弗一个也不想要："布彻太太，不！我不需要。我很坚强，那对我不是事儿。"这话不假。她会带着擦破的双肘走进教室，我会说："我的天啊，珍妮弗。发生了什么事？”她会高兴地告诉全班同学，她前一天玩轮滑或打垒球了，带着血的双手和双肘是她付出的一个小代价。

她从来没有意识到自己存在任何局限，我也没有发现。她阳光、快乐、乐于助人，总是兴趣盎然和兴致勃勃——珍妮弗是第一个实践一切、尝试一切的人。她有志在必得的态度，她父母让她做真正的自己。先天的东西推着她向前，过去一直在推着她前进，将来也会一直如此。

我发现了C·S·刘易斯写的《纳尼亚传奇》，而且沉迷其中，那些书我读不快，我被神秘的生物和惊人的冒险吸引住了。这是外来世界的想法对我的呼唤，包括可以飞行和可以在水下呼吸的神秘、奇妙的生物。动物们会说话！为什么？我想知道。这一定是幻想吧？为什么无法相信某些真实存在的现象实际上会产生那样的效果呢？我绞尽脑汁思考着这些假想的情景，想得脑袋都疼了！我试图想象我长一条美人鱼尾巴或一对仙女的翅膀会是什么样子。如果我像《爱丽丝梦游仙境》里爱丽丝那样喝下让我缩小或长大的神奇药水，我会缩小或长高吗？如果我得到了阿拉丁的魔毯，我会邀请谁和我一起乘坐魔毯呢？（如果我在哥哥们中间只选其中一个，哥哥们会打起来吗？）童话尘埃真的像电影《铁钩船长》里那样存在吗？——那我怎么才能从叮当小仙女那弄到一些呢？

我成了迷失在这些虚幻世界里的小女孩，因为这些虚幻世界向我展示了万事万物皆可能的国度。它们肯定种下了好奇心的种子。如果马可以在纳尼亚飞，那我为什么不能呢？

五年级对我来说是个丰收年。我的老师是斯怀特太太，她有一头蓬乱的棕色卷发，中间夹杂着金色和红色的条纹，她总是留着很长的指甲，所以我喜欢听她敲击键盘的声音：咔嗒—咔嗒—咔嗒—咔嗒。她走到哪都端着咖啡杯，杯子上带着口红印。大部分时间她都埋头读书，眼镜被她头发挡得严严实实，她的衣着很独特。她在教室里要求我们拼写“蜜蜂”时，总是给获胜者奖励很棒的礼物（这对我来说是件好事，因为我拼写很棒）。我不知道为什么她让我们坐在课桌上，坐在桌子上是我妈妈绝不允许家里任何人做的，那简直太不礼貌了，但是斯怀特太太不在意。

那年我遇到了我最好的朋友科琳。那时她在沃尔德罗普先生的班级里，我认为所有“捣乱分子”都在那个班级里，不过这对我似乎无关紧要。科琳有点野，而我自命清高，但是我们俩却一见如故。她也是收养的，所以我们结下了深厚的情谊，虽然她是祖父母养大的。那时这女孩性子火暴（现在仍是火暴脾气），长大一些的时候，她喜欢聚会，总是有炙手可热的男朋友。而我却是个古怪、有趣、略微紧张的青少年，教训人家不要抽烟、喝酒或跟别人上床，就像我说的，是个好女孩。我和科琳慢慢长大，中学的时候我们变得非常亲密，她的自信给了我信心。她教我如何打破自己的壳，不要因为任何事情难为情。我们两个完全不同，彼此有着互补的天赋。我们会几个小时不停地交谈，很多时候谈的都是我的精神信念。科琳从来没有大的信仰，而且对此直言不讳（她对任何事情都直言不讳）。这就是我喜欢我们俩友谊的地方，直到今天仍然如此。关于对某事的感觉，我们可以100%的自然、真诚、实在，即使我们意见不一致，两人谁也不会感觉受伤。

她喜欢对我说“我不知道没有你我会身在何处”，而我却真的不知道，没有她，我会身在何处。她教会我那么多东西，爱我那么深，还站起来为我战斗。让人们进入我们的生活，是为了帮助我们学习，不仅仅是要了解世界，还要了解我们自己。她帮我找到了自己的发言权。回想起来，我们似乎是最不可能成为搭档的两个人。

以正当的理由出名

五年级也是我高飞的一年——字面意义上的，那年是我第一次登上飞机。莫瑞·波维奇秀要求我上节目（在变得更加慷慨一点之前），这是我第一次在我们社区之外谈论自己以及自己的生活。我上过本地电视节目，曾有一个电影摄制组用四年时间拍摄关于我的纪录片，可是要上“莫瑞真人秀”，我就必须去纽约，制片人给我们买了头等舱机票，派了一辆白色弹力豪华轿车去机场接我们，把我们带到工作室。我觉得自己像个名人！我记得是在后台，却不知道为什么他们给我这么大个惊喜。我当时才十二岁，完全不知道状况。我还没有想到老天这样安排是为了让我能够激励他人。

我的贵人

我最好的朋友：科琳·麦克丹尼尔斯

珍和我们大家不一样。她是从别处来的，某个悬浮在空中的地方，这与她的信仰极其相似。

她永远知道怎样在生活中找到幸福，并且重新创造类似的时刻。她不相信我们需要八小时的上课时间，一想到我们每天要在那里待很长时间，她真的会哈哈大笑。在我们俩都拿到驾照之后，我们会从学习室里溜出来，把午休时间延长大约四十五分钟。我们会开车到相邻的城镇，在路上热烈地交谈，然后去中国自助餐馆吃饭、嬉闹，直到我们的午餐延长时间结束。那真是一种幸福，是珍创造的幸福。这对她来说稀松平常，她说："和你所爱的人一起做你爱做的事情，还要知道你自己是幸运的。"

珍的身体令人难以置信。不过，珍的本来面目以及她大脑运转的方式都是令人瞠目结舌的。

我妈妈走出来登上舞台，和莫瑞说话，然后我走了出来。莫瑞问了很多问题，主要是问我运动和摔跤怎么能这么出色。我和他聊天的感觉就像他坐在我家客厅里一样，我在直播观众和成千上万的电视观众面前感觉很自然。人们总是问我，怎么会演讲得这么好。我一直都可以轻松地做到这一点，很多时候，特别是当我谈论信仰，试图鼓舞人的时候，我更坚信自己能做到，这真的是我的一种天赋。当我的同学结结巴巴地讲着报告，或者紧张地盯着自己脚尖的时候，大部分主题我都可以出口成章，并且直射每个人的眼睛。莫瑞摇了摇我的手，他印象深刻。就一个小镇来的小女孩而言，我相当镇定。

事情就是这样，当我回到家里，又做回了我自己。我又上了其他电视节目——其中一次是德国慕尼黑的“爱蕾贝拉脱口秀”，当时我十三岁，我还接受了世界各地报纸和杂志的采访。最初去德国，我很紧张，因为我从来没有在美国以外的地方活动过，不知道外国人对我会有什么反应。我记得人们盯着我的时间比以前更长，这真的让我爸爸感到困扰，不过对我影响不大。因为是在新地方，我兴奋不起来，但我真切地记得，有一次在德国的一个商场里，一位妇女只顾分心盯着我看，差点倒在自动扶梯上！

回到学校，我的有些同学变得有点冷淡，我想不出为什么。我有那么多的朋友，可是现在我感觉好像被遗弃了。在经历了很多挫折和伤害之后，我和妈妈谈了谈，我意识到，他们嫉妒我生活中发生的事情。窥一斑而知全豹，我在当地越来越有名气了，有一段时间，我的同龄人因为这个和我作对。我了解到：我做的事情，他们从来没有梦想过。我得到了各种关怀和特权，我明白了他们那样反应的原因，但这再也没有对我造成伤害。

我告诉妈妈："我认为我不想这样做。"

而她坚持道："如果你能帮助一个人，能够改变一个人的生活，那就值得。"

我花了一段时间想弄明白这件事。为什么？我想知道。为什么我要这样做？为什么这必须是我的工作，我的责任？直到几年后，我才终于做好了承担这份责任的准备，意识到我的确有重要的话要说。我从来没有拿着麦克风四处旅行、登上舞台或在观众面前表演过，因为我认为自己"那么棒"。我之所以这样做，不是为了荣耀、名声或金钱。我不会告诉人们："获得幸福有十步。只要按照我的办法做，你就会永远幸福！"那就是说我把一切都想通了，而我并没有想通。我相信这是我出生的本分。我生命的过山车之所以存在这么多有趣的曲折和起伏，就是因为我可以与他人分享这些经验。人们之所以赋予我一个平台，是为了让我分享自己的心、自己的故事、自己的激情和爱，是为了让我对他们产生（乐观）积极的影响。

你同样有才干、天赋和能力（我喜欢把它们看作你个人的超能力），你一出生就具备的东西是你独有的。它们像我以及其他人的才干、天赋和能力一样，同样重要，同样丰富。老天赐予了我们美丽，因此我们不必嫉妒别人的超能力，因为那不是我们命中注定的。这是我要告诉你的在任何时候都必须收入囊中的一件宝贝：知道自己的重要性，了解自己的确有影响，了解自己所提供的东西是强大的。如何强大？就像我所做的一样，你有一个平台和一个观众。想想每天与你互动的人们：你的同事、你的家人、你的爱人、你的孩子。他们在看着你，他们注意着你的所作所为。我们每天都有机会以或大或小的方式对他人的生活产生积极的影响。

我妈妈一直保持着写日志的习惯——已经写了厚厚一摞了，每一页都写得满满的。在我成长过程中的每一个晚上，她都会坐在客厅的椅子上写作。后来有一天，她递给我一本属于我自己的空白日志，她说："总有一天，你会感谢我的。"

好吧，妈妈。这是你这些年来一直在等待的：您是对的。这本日志成了我书写自己感受并且应对挫折的地方。当我对某人或某事感到气愤时，我写在日志里；当我狂热地爱上某个人时，我写在日志里；在我困惑、害怕或是感到失落时，我也写在日志里。她知道这些话很容易出现，而我永远也不会问："为什么是我？"我觉得老天才是这本书的真正作者。它给了我洞察力、经验和语言，让我得以解释它塑造我生活的方法和原因。

写书是我必须做出的选择，以此让老天带我到达并穿越这个地方。老天给我们展现的机会，并且把机会留在我们的路上，但我们必须足够坚强，才能抓住他们，然后坚持实现我们的一切价值。我的家人说，我一直都是头固执的骡子，我不禁想到，也许这不是一件坏事。

要信！

老天自有安排

放弃掌控并不容易，尤其是像我这样的控制狂。但我发现，我越是驯服自己，我就越好。我为自己让路，我给他让开道路，然后让他自行其是。因为我已经接纳了他，我现在享受着一生中最大的平静。我已经把人生越来越多的空间交给了他，相信他的安排和他所采取的方式就是适合我的方式。对于我的生活，与老天的安排相比，我的梦想是可笑的！他所赐予的天赋、他的观念、他的祝福，比我可以想象的任何事情都要大得多！这都是因为我把命运交给了他，不再试图时时加以掌控。诚然，意识到事实上我可能都不知道什么是最好的，哪怕对我自己最好的是什么，我都不知道，这是令人沮丧的。我现在而且永远会是一个正在被雕琢的作品：总是在接受教导，总是在成长，而且总是相信老天永远不会为我指错方向。

CHAPTER THREE

第三章

“不能”是 4 个字母组成的单词

我在后院苹果树——我的栖息地里对自己的未来思考了很多。我一直有着喜欢安静沉思的苍老的灵魂。我记得自己坐在那棵树上，听着蟋蟀的鸣声、鸟儿的歌唱以及叶子的沙沙声。我可以感觉到风拂过我的脸颊，闻到空气中弥漫着刚割下的青草的气味，感受到太阳轻轻地温暖着我的皮肤。因为自己那么小，所以我更喜欢这种高高在上从一个完全不同的有利地点向下俯瞰世界的感觉。在这个地方，我可以自由地呼吸。我在这树枝掩映的树杈上一待就是几个小时，精神轻松、快乐，有时甚至会睡着。等我长大一些，这里就成了我思考的地方，一个我可以读、写、重新梳理感觉的地方。因为从身体的角度看，我在高高的树上；而从灵魂的角度看，在那里，我的灵魂如此平和。

显然，我获得了——从父母那里获得了自己的思维方式，以及我对生活小事的欣赏态度。我父母是心地善良的蓝领工人，生活朴素、随和，从不轻言放弃。

我妈妈兄弟姊妹八个，她排行倒数第二，上面有四个哥哥。她很小就学会肩负许多任务的方法。她童年就开始做饭、打扫卫生、缝纫、种地、养鸡。她接受的教育是要不停地工作，供养自己和亲人——懒惰是不行的。她的第一份工作是在希思厂的生产线做工，希思厂就是现在的赫尔希厂，位于伊利诺伊州罗宾逊。她妈妈是家庭主妇，爸爸在当地的陶器厂工作。20世纪50年代，罗宾逊真正是一个中西部成长起来的小城镇——诺曼·洛克威尔肖像的素材。

我母亲刚刚和未婚夫解除了婚约，遇到我父亲的时候，实际上正在考虑与人约会。父亲当时二十七岁，有些小瑕疵，但人长得很帅。和我妈妈一样，他也来自一个大家庭，他有十一个兄弟姐妹！他儿时不断地四处周游，从一个地方搬到另一个地方，因为他爸爸喜欢体验不同的地方，他妈妈也如法炮制。他们停留在伊利诺伊州的圣玛丽，我爸爸在那里上了中学，他父亲则在那里开了一间酒吧。我爸爸九岁或十岁时就开始工作，十七岁时开始完全养家。他是一名“司泵”，职责是检查马拉松油田的油井。

我父母都穿过很多旧衣服，做过辛苦的工作，但他们都懂得良好职业道德的价值，懂得深爱和包容家人的意义。无论如何，家庭都是第一位的。这种哲学成了我童年时光的支柱。任何值得拥有的东西都值得为之努力。如果有爱你的人在你身边，任何东西都阻挡不了你。我父母总是告诉我要成为真正的自我，不要试图打动任何人或装腔作势，自己是什么样，就什么样，因为那才是神造就我的方式。我的爸爸坚如磐石，始终如一。他不在乎你是教皇还是总统，他不会想装模作样或做他自己之外的任何人，他身上的法兰绒衬衫和牛仔裤的扣子永远扣得好好的。如果你朝他要，他可以把身上穿的衬衫脱下来给你，我从来没有见过他从路边陷入困境的人身边走过而不停下来伸出援手的。成长过程中有我父母这样善良的人做榜样，我自然地培养出了一颗奉献的心，认为人们应该彼此帮助。

长大后，我不断问父母：“你们想要我做什么或想让我成为什么人？”我曾经得到的唯一答案是：“我们希望你快乐。”得了吧，各位，给我点提示！我许多朋友的父母都为他们制订了严格的计划和规则。而我的父母让我做我自己，让我自己做出自己的选择，自己犯自己的错误。他们给了我力量，让我拥有自己的心灵和自己的梦想。他们让我坚强，坚守自己的信念。他们百分之百地信任我，而这帮助对我而言，也有同样的感觉。他们让我成为我想成为的样子，而不是他们想要我成为或他们认为我应该成为的样子。他们不相信做事情是因为其他人也那么做，从来不为金钱、头衔或地位所动。他们在意的是职业伦理、性格、同情心、诚实以及如何对待他人。他们从来没有错过一场体育赛事、学校独奏会或我所在教会的节目。这些事情对他们两个都很重要。家庭重要。我的哥哥们也是如此。他是参与感非常强的爸爸，为女儿编辫子、涂指甲、做饭。我的父母养活我们所有人花了很大精力！

我有很长一段时间想成为一名兽医。我喜欢动物，尤其喜欢狗，执意要追求这个职业，直到我意识到这个职业工作的一部分是在动物老了或病了的时候把它们杀死，我不忍心。我永远不能杀死活物，然后我认为自己想当律师。

我父母总是说我善于辩论，所以我推测自己会是一个律师。我看了电影《律政俏佳人》，可以设想自己在陪审团面前是个“长着黑色头发的律政黑妞”，摇摆着一身粉红色的西装。后来我听说法学院毕业要多少年……算了！耐心从来不是我最大的美德。

我的下一个职业目标是时尚——要么做个人购物者，要么做个买家，要么做一份酷炫基督教时尚杂志的编辑，去鼓舞和振奋女性，而不是物化她们。大学预科之后我要去上社区学院，然后再去时装学校。可是老天对我另有安排。需要指出的是，将来有一天我可能会重新审视这个目标，因为我相信有人应该创建不用Photoshop和喷笔修饰的杂志，可以显示在真实的场景下真实的女人。我还认为我可以成为鞋样设计师——这有多么可笑？我痴迷于鞋子，认为我可以利用野性、独特的设计创造某些严肃的鞋类艺术。我妈妈总是开玩笑说，如果我可以穿鞋，她永远不会有能力养得起我，布里克家族将会破产。然而，我是一位鞋类的失去者。任何和我一起去购物的人，离开购物中心之前，至少都必须买几双鞋。

不受局限地生活

有时候，唯一能让我从树上的栖息处下来的事情就是告诉我电视上的奥运会节目开始了。有一天，我完全被体操比赛征服了，然后我转向父母，大声宣布：“我长大后要当奥林匹克体操运动员。”房间里出现了一个短暂的停顿，然后他们点点头说：“哇，好吧。”对他们来说，这没关系。他们永远不会阻拦我，即使想法似乎很牵强。我以前经常认为他们很疯狂，可是现在我意识到，相比于我梦想任何狂热的计划，他们永远比我早走十步。他们总是能发现我的潜力，他们一直相信我会有非凡的生活，可以藐视一切困难。他们教会我如何看待自己的处境，他们教会了我勇敢面对，为此我将永远感激他们。无畏的生活就是没有局限的生活。

我第一次在电视上看到多米尼克·莫西努是在我六岁的时候，感觉就像我面前突然亮起了一盏耀眼的明灯，在我脑海里萦绕不去：啊哈！我希望自己和她一样。她个头很小，我个头也很小；她脾气火爆，我也脾气火爆；她有罗马尼亚血统，我知道我的生父母也是罗马尼亚人；我们甚至长相都很像，有着同样的棕褐色皮肤、巨大的黑色眼睛和浓厚的黑色头发。我被她吸引了，但却说不出原因。我记得在我名叫“豪勇七侠”（Magnificent Seven）的健身房里贴着一张海报，上面显示的是1996年多米尼克所属的美国奥林匹克体操队，其中一张显示的是她在平衡木上的动作。我对自己说：“有一天，这就是我。”

我不知道翻腾吸引我的地方在哪里，但我知道，我总是被需要力量、技巧和关注的活动所吸引。我也非常喜欢飞越房间的速度和感觉。这使我感觉自己就像一发从大炮里射出来的炮弹。从二年级起，贝丝·艾伦强力翻腾馆的健身房成了我的第二个家。当时健身房在牛顿，距离我家大约二十分钟的路程。但我没有抱怨，因为路上有一家哈迪斯快餐店，回家的路上我有热火腿和奶酪三明治（材料用的是白奶酪，而不是幸运橙奶酪，这让我很开心）吃。我喜欢那些三明治的程度可以跟我喜欢学习强力翻腾的程度相提并论。没过多久，贝丝把业务转移到另一个健身房，这间健身房在我们学校旁边，过去方便多了，但我再也没机会吃火腿和奶酪三明治了！

我妈在第一次打电话给贝丝的时候，跟她解释了我对体操的迷恋，问她是否愿意收我这个学生。

贝丝说:“当然，我们可以试试，但是老实说，我从来没有教过这类学生，咱们看看她能做什么吧。”

我全都想做。我去健身房的第一天，就做了前滚翻。我具有翻滚的动力和热情，这种动力和热情不可抑制。健身房里有一个Tumbl Trak[1]轨道、一根平衡木、一些垫子和一个我们在上面进行比赛用的长杆弹簧地板。轨道和长杆地板之间是彩虹色垫子，我们在这些垫子上练习倒立、侧手翻和手翻转体。我们曾经有过倒立比赛，看谁倒立的时间最长。令人吃惊的是，我总是赢！如果需要，我可以双手倒立几个小时。而需要翻滚的时候，我比其他孩子需要的起跑距离短，既然可以马上做，为什么要浪费时间呢？

一天，我对教练说:“我想做一个后手翻。”我可以告诉贝丝我不确定能否完成这个动作，这个动作不容易，即使是有腿的孩子也不容易成功。但我很坚定，不能让他们不给我这个连我自己都不确定的机会，很长时间我都从来不让任何人发现我的这种感觉，我不知道为什么。我只是想自己接受挑战，向自己证明，我可以在没有任何人帮助的情况下做到。回想起来，这真是疯狂——我有付出生命的可能！但我那时有着强烈的心愿，固执己见，我讨厌需要别人帮助的感觉。

1 译者注：一种体操练习的轨道仪器

我记着我也不喜欢妈妈站在旁边看，我会请她离开，特别是在我练新动作的时候。我对自己很苛刻，如果我没有马上完美地做出某个动作，我就会抓狂。我的教练贝丝和卡伦总是提醒我，我是人。他们会告诉我："熟能生巧。"但我想要立时三刻就完美。如果他们说我做得还行，我也不肯接受。我得觉着做得好，不只是在我的角度好，从任何健全的体操运动员的角度看也要很好。

我最大的挑战是达到其他有腿的体操运动员所能达到的高度。随着我的技术的提高，高度对于掌握更复杂的动作来说变得非常重要。从类似平衡木的地板上，我达不到做一个完整360度旋转的高度，这成了阻止水平上升的原因，但我从来没有允许任何人给我特别的待遇——永远不允许。我只是停留在那个水平上，因为我不想作为例外进入下一轮比赛。

大多数和我一起训练的运动员都认可我、尊重我。参加比赛的四年里，我只出过一次事。其中一个和我竞争的女孩召集她妈妈和教练开了个会。她认为我的地位高于她的地位是不公平的——她有双腿，而我没有，我比她强，那怎么可能呢？不管有腿没腿，我就是比她更好。但她和她妈妈不想接受这个事实。另外，观众在边线上看到我时，偶尔会盯着我看，不过大多数情况下，每个人都非常积极，都会鼓励我。在人们的确盯着我看的时候，我都注意不到太多，我太专注于竞争了。

我当时就像一只乌龟，有着一副非常坚韧的外壳，这个外壳保护着我。但我最终意识到，你可以相当坚强，可以阻止任何事，阻挡任何人。如果你只接受完美，那么这就会成为你生活中唯一有价值的东西，而除了胜利之外，还有很多值得珍惜的东西。放下戒备，接受自己有缺陷这个事实，是我不得不面对的东西。我花了几年时间才明白了要专注于已经摆在面前的，而不是已经逝去的东西。现在我意识到，胜利发生在旅途中——即使我一路上会磕磕绊绊。幸运的是，我的父母明白这一点。是他们，让我不断尝试，再失败，然后再试一次。在自己的信念不强烈的时候，他们的信念变得更加强大。

我的贵人

我的力量翻腾教练：贝丝 · 艾伦

第一次见到珍，我想：哦，好一个可爱的小娃娃！她总是很快乐——我见过的最快乐的孩子之一。她性格开朗活泼，愿意尝试新事物，对每个人都很友善，一个合作意识很强的人。她第一次来健身房时，我不知道，一个没腿的孩子，我能教她点什么。老实说，她学新技能的时候，我总是担心。即使她自己练习的时候，我也会把注意力放在她身上，悄悄地祷告。请不要让她伤到自己！但她一点也不害怕。她不想要帮助，即使我说服她接受了。她做到这一点总是那么容易，那是她与生俱来的，她是天才。

她有很强的动力，想多学习，做得完美。我们的方法基本上就是体验。我们不知道在身体上该对她抱什么期望或她可以做到什么程度。我们在 Tumbl Trak 轨道上练习，什么也吓不住她。有时候她倒吓坏了我，可她很有信心。要教她，我必须考虑她会是什么样子，我该如何弥补她不存在的双腿，然后我们才会一起想出办法来。

她参加比赛或训练的时候，健身房里所有人都会停下来观看。他们不是盯着傻看，他们欣赏她。在运动会上，她经常会受到观众起立鼓掌的待遇。人们对她的力量感到震惊，被她迷住了。教练们会走过来对我说："在我队里的孩子们哀嚎、抱怨的时候，我告诉他们，看看那个没有腿的小女孩。看看人家有多刻苦，看看人家的能力。"每个人都知道珍。当她在青少年奥运会上获得第四名时，我真为她和她父母高兴——这是她应得的。他们拥有非常美丽的灵魂，我为他们所有人感到骄傲和兴奋。

我不知道珍·布里克体操生命结束后接下来会做什么，但我知道，一定会非常惊人。我是对的。

希望有一天等我有自己的孩子的时候，我也可以为他们表现出类似的力量。所有父母看到孩子不快乐、沮丧或自卑都很不好过。我的父母既相信老天，也信任我。他们抵制住了跳进去救我的冲动；相反，他们让我自己摸索。他们让我自己找到自己的勇气和智慧，他们让我保护自己。所有这一切都同样重要。没有人想失败，没有人想当最后一名，没有人想跌倒。只有在我们允许失败打败自己的时候，我们才会失败。在我们拒绝相信失败可以变成礼物的时候——我们就拒绝了一次不久后会变得更好、更强、更聪明的机会。

要信！

你可能是你自己最大的敌人

我总是令人难以置信地自我批评。当我在比赛中没有拿到第一名时，我父母会恳求我：“珍妮弗，不要做痛苦的失败者，要享受运动！”我希望那时我知道我现在才明白的道理：自我批判的思维真是自我毁灭。我记住了：成功和胜利感觉良好，失去或失败没有那么多，但会削减自己的部分懈怠。要善待自己，试着给自己一点爱、一点理解和肯定。每个人都有运气不好的时候，这并不意味着你是一个失败者或你处在无望的境地，要支撑自己的期望。你对自己公平吗？拥有巨大的梦想和目标很棒，但此时此地这些梦想和目标可以实现吗？在实现梦想和目标之前你有很多工作要做？还是你想跳过几个步骤？最后，享受一个个小小的胜利。你正在欣赏你在完成更大目标的途中所完成的小事吗？我赢得的第一场比赛可能不是少年奥运会，但它正在为那一天的到来做准备。上次你真正停下来享受自己已经取得的进步而不是发愁自己距离目标还有多远是什么时候？

C H A P T E R F O U R

第四章

棍棒和石头

五岁的时候，我参加了表哥乔迪的婚礼，参加婚礼的一位成年客人问我：“你为什么没有双腿呢？”

我停下来考虑了一会儿，然后把我思考的答案用我可以想得到的最简单的术语表达了出来：“嗯，你知道有时候有人拍张一次成像的照片，而照片又没冲洗吗？我身上就发生了这种事。”

我父母说他们彻底被我打败了，不知道我是怎么想出来的，这是完美的解释（而且是让饶舌的人安静的完美方式）。但是坦率地说，与其让人家瞎猜，我倒宁愿他们直接问。猜测几乎没有对的，总是添油加醋，满是自负、无知甚至恐惧。所以来吧，尽管问我吧！我可以坦然面对。我知道人们经常对我有先入为主的观念，例如，他们认为，鉴于我的情况，我一定是一个被欺负的孩子，我肯定是一个能力有限而且不快乐的成年人。他们认为我需要有人帮我开门（需要指出的是，我不需要别人帮我开门，但我学会了报之一笑），他们认为必须小心翼翼地绕开我没有腿这个事实（是啊，我早已经知道了），而事实是：我很高兴，我很强壮（想比比胳臂的力气吗？）。我有着神奇的童年，我不介意我没有腿这个事实。我没有被冒犯，没必要有禁忌。我是个大女孩（好吧，严格说来是个小女孩），以前我全听说过。

而随着年龄的增长，我总结了珍贵的经验教训：你对事物的感受和反应方式就是人们对你的感受和反应方式。如果你对情绪失去了控制，那你就是承认他们赢了——他们已经影响了你。但是如果你保持冷静，不允许他们搅乱你的心情，那谁赢了？这就是力量。因为懂你，所以可以说出很多东西。如果你自己感觉坦然，人家就会安心。人们有时说蠢话吗？你最好相信会。我已经忘记有多少次有人对我说话不得体了，但他们几乎总是出于误解或无知。我不认为那是个人攻击，而把它们看作一次教育、启迪、打开某人智慧和心灵的机会。

我最近访问了纽约市，叫了一辆机场班车带我去约翰·肯尼迪国际机场。我在世界各地旅行，对那套例行程序持赞成的态度：把我的行李和轮椅装上车，再从车上拿下来、登记、过安检、登机，每一项都不会令我担心。事实上，我已经到过很多机场，我很少需要查看地图或查看头顶上的任何标志寻找出口。

所以，在我进入这个特定班车的时候，我以为这只是又一次乘车去机场，没什么大不了的。可是事情并非如此，相反，事情变成了一场骚乱。司机看了一眼，开始激愤地发表长篇大论。

“他们没有告诉我你的情况。”在我的朋友帮我把东西装进面包车的时候，他说。他从头到脚打量了我一番，做了个鬼脸：“他们应该派辆残疾人专用车过来！”

“残疾”这个词听在耳里感觉就像脸上挨了一巴掌似的。不管我怎么努力想解释我一点问题都没有，完全能够简单地系上安全带，他还是继续咆哮着“残疾女孩”，说他不应该接我。好像我是个东西，不是个人，面对着满载乘客的整个面包车。不管我说什么，不管我多么激烈地为自己辩护，他就是不停地说。我可以感到愤怒正在我的身体里升腾，最终我完全失去了冷静。事情极其尴尬，极其丢脸，简直太失控了。我不记得自己当时所说的话了，但是表现很不明智。最后，我们终于上路了，但那个司机整个路上都在小声嘟嘟囔囔，与此同时，我也十分懊恼和愤怒。

到达机场的时候，我愤怒得身体一直颤抖，实际上皮肤热得烫手。我打电话给朋友格兰特，告诉他发生了什么。我在恼怒，不只是在对这个陌生人可笑而不友好的评论懊恼，也在因为我自己所做的反应生气。

“你总对我说，任何事情的发生都是有原因的。”他建议我，

“深吸一口气，试着找到原因。”

在我坐着等航班的时候，事情的经过又一遍一遍地出现在我脑海里，然后我开始写作，我把我的感情和愤怒都倾泻在了纸上。当我重读所写的内容时，我不再因为这个司机不喜欢我而讨厌他了，我为他感到遗憾。我知道我必须要把这个故事放在我的书中。我又给格兰特回了电话，我告诉他：“我不是发生这种事的第一个人，我也不会是发生这种事情的最后一个人。”

但我可能是第一个把这种事情放在台面上的人。这是为了让人们知道，如果他们目睹了不公和偏见，要说点什么。不要允许人们因为异于常人而受欺凌。这不仅适用于我这样的人（“残疾人”），也适用于不同种族、宗教、肤色、背景的人。没有什么事情比有人评价别人更令我伤心的了。

我的贵人

我的叔叔：加里·布里克

我来看珍和她所在的小联盟垒球队打球。她把队友叫到一边，给他们打气，她说：“看，我知道我们总是输，但我叔叔加里从加利福尼亚一路赶来，不是为了来看咱们输的！”我记得看着她绕过那些垒手们——她在移动！她一直向前跑啊跑，一直跑到了三垒。当然，他们赢了。珍一直是个激励者，还是一个能说出自己意愿的人。

还有一次，我正坐在沙发上，珍爬上来坐在我旁边。当时她六岁左右，眼睛一直盯着我的羊毛袜子看。我取笑她说："你看着它们的样子，好像你非常不喜欢它们。"她说："嗯，我不讨厌它们，但我肯定不会穿它们！"好个圆通的回答！

她会一直给我打电话，我们会一直不停地交谈，一直说几个小时，话题包罗万象。她那头的话费一定高得吓人！但她总是有很多话要说——对一个小女孩来说，这真是太聪明了。毫无疑问，她长大一定会做大事，这是确定无疑的。

《圣经》中说："设立律法和判断人的，只有一位，就是那能救人也能灭人的，你是谁，竟敢论断别人呢？"那天我很疯狂，所以我不打算引经据典去谴责某个讨厌生活、工作、任何事物而决定把这一切转嫁在我身上的人了。你不能控制他人的言行，只能控制自己的行动。只需知道上帝在看，他看到了他们的行为，他也看到了你的行为。

毕竟世界不是那么小

中学毕业后，我的许多朋友上了大学，我决定进入佛罗里达州的奥兰多迪斯尼世界攻读大学课程。当时，我仍然决心进入时尚学校，所以这似乎是一条获得一些工作经验的伟大之路，还能赚点小钱，离开我的小小城镇，并且坚持一定的独立性。我爱自己的社区，但我已经长大了。我不能认同自己在那里度过余生，这让我感到窒息。我在林肯纪念学院等待时机，林肯纪念学院是罗宾逊的一个社区学院，位置在下一个城镇。正是这个时候，我恰巧在一个厕所隔间里看到了一份迪士尼学院课程的传单。面试是在一个大约三十分钟路程的学院里进行的。我把这次面试看作一个标志，去面试，然后两个星期后（这似乎是一种永恒）收到一封录取通知函。我要去迪士尼世界上大学了！

开车到奥兰多有十五小时的车程，我哥哥布巴和爸爸一起帮忙搬了家。我父母没有阻拦我，他们知道我需要弄清楚自己的方向。我十九岁了，我从来没有给自己做过饭或自己洗过衣服！课程应该是从2007年1月至5月，但大约过了第一个月后，我就意识到，我再也不会回到伊利诺伊州了。从很小开始我就知道，我要住在一个大城市里，小镇留不住我。我把自己的课程一直延长到了8月份，这很不寻常，那里有各色各样的来自世界各国的人，有些语言我从来没有听说过。我在迪斯尼的好莱坞工作室工作，但工作包括了很多友好接待。我组织游行，确保人们不越线或在浮子前面跑出队伍。我还为迪士尼乐园夜间娱乐表演Fantasmic[1]秀工作过！表演，把成千上万的人送进送出

1　译者注：一种夜间娱乐表演

一个面积有大棒球场那么大的表演场。白天，我会帮助人们安排行程，了解他们的方位。如果有人迷路了，我就给他们指出正确的方向。我过去常和自己玩这个游戏：猜猜客人是从哪里来的。我真是很有眼力，只要看看他们，就能猜出来。我可以根据他们的运动鞋、发型以及他们短裤的长短说出他们来自哪个国家。

我喜欢社交，是个超级爱玩的人，每天早上凌晨4:00之前都不睡觉，和我的同学待在一起。我从来没有喝过酒，但我不停地说话……说话……说话……一直说。一天晚上，我遇到了这个笑得跟一朵花儿似的可爱家伙。我们聊天、跳舞、打情骂俏，他问是否可以陪我走回我的车上。我们走到那里的时候，我可以看出，他在努力地想说些什么。我在想，帅哥，说吧！此时，他终于开口了。

他开始说："你真是……你真是太漂亮了，漂亮得不能有腿！"

我放声大笑。从他脸上的表情可以看出，我笑得太厉害了，这几乎让我感到很糟糕。他被我吸引了，有点不知所措，不知道该如何表达自己的想法。我了解这一点，所以我把这当作恭维，而不是侮辱。

迪斯尼为我打开了眼界。我想以前我从来没有意识到，小城外面的人们会怎么看我。有一天，当我正在问候客人的时候，一个女人走到我面前，实际上，她拍了拍我的头，说:“哇，真为你高兴！你有工作！你出来工作了！”

我惊讶得目瞪口呆。我想说:“那你指望我怎么做？因为没有腿，所以躲在黑屋子里不出来？还是挖个洞爬进去？”但我什么也没说。我礼貌地挤出了一个笑脸（毕竟，我是在地球上最幸福的地方工作！），然后我祝她度过美好的一天。参观者不断分享居高临下的评论，至少我每天都会听到几条，但我不能说出自己的想法。迪斯尼关于如何对待客人有着相当严格的规定，“你是个白痴”并不在手册之内。

在这一点上，我感谢他们。这在让自己沉住气、不那么自我方面，对我是个极好的教育。这也是一个实实在在的考验：珍，不是每个人都会像家里人那样爱你和欣赏你的。在那里，我是个怪人。我看起来不同于人们认为的“正常人”。我不得不躲避很多愚蠢、恶声恶气的评论，只是把它们当成耳旁风。人们说话时常常不经过大脑。

压在我心上的石头

老天知道，我不是完全无辜的。有段时间，我对肥胖的人持有实实在在的偏见，而我现在很难承认这一点。但是这是我需要坦白的事情，因为我不想把自己描绘成完美的人或圣人，我不希望人们认为我那样做是对的。一直以来针对我的盲目假设，我也曾经拿来针对过他人。我以前看到超重的人就认为他们懒惰、不自律、自私。我的推理是这样的：如果你不喜欢自己的样子，那就拼命改变它。不要唠叨抱怨！不要告诉我你“不能”，因为我不买账。我不能改变我异于常人这个事实，食量、运动或自控都不会改变我没有腿这个事实。但是我的看法是，肥胖的人“选择了”要那样。

然后我开始看一个叫《美女上错身》的电视节目。简而言之，一位魅力四射、身材娇小、有着摇滚身材的年轻金发超模死了，却以一个身材高大的大块头律师的身份回到了阳间。这个角色简，第一次看到自己的样子时吓坏了。但随后她成长了起来，意识到自己的内心仍然是同一个人。靠着自己新的身材，她成了一个极其有威望、有才华的律师。她赚了很多钱，有了自己的助手，开着一辆酷酷的敞篷车。她与帅气、聪明的男人约会，过着充实的生活。无论从哪方面看，她都不悲伤、不懒惰，也不缺乏人性。在我把节目的六个季从头到尾看完之后，她的启示变成了对我的启示。然后在我发现了真人秀节目《极端减肥》时，一切都恍然大悟了，这些人在受苦。他们经历了生活中压倒性的悲剧或沮丧，超重成了他们的盔甲。每周我都看着他们，为他们加油。我在情感上投入到了他们的故事之中，我支持他们。面对正面的恶魔，需要巨大的勇气。我羡慕他们——这是真正的英雄主义。

我开始明白，我没有权力批评任何人。我不能根据表象胡乱猜测。别人这样对待我的时候，我当然不喜欢，我应该更清楚这一点。每个人——无论他们长什么样子——都有老天眷顾。我们来的时候都有着不同的“皮囊”，而这不应该就是我们的实质。人并非其环境、处境、失败、成就、遗憾或错误，他们并不是其肤色、身高、体重。人就是人，我们都有心，我们都有情感和感觉，我们都渴望爱、认可和宽恕。

我想，在我讨厌超重的人时，我的行为更像那位班车司机，而不是我愿意接受的样子。但是我们所有人，在我们的核心，都只是人类，能够一遍一遍地把事情弄糟，不是一次，也不是两次。当我们做出瞎猜时，我们都会瞎猜，我们认识不到个人信念和偏见正在给我们的思考方式上色。那么我们为什么要这样做呢？因为这很容易。因为即使这不是真的，也会感觉是真的。因为我们倾向于看到和听到我们想要看到和听到的事情，而不是真实的东西。人们瞎猜是因为他们没有勇气提问或试图理解。我们认为我们彼此了解，但我们从来没有真正给自己这样的机会。当我们判断他人时，我们错过了建立良好关系的机会，而这对我来说，是最大的悲剧。

要信！

怀恨在心者会仇恨——你不必吞下诱饵

我永远不会因为自己坚持做自己喜欢的人或做自己喜欢的事而道歉。每当你跟着自己的激情走时，人们一定会评判你，阻拦你，或让你觉着自己选择错了。他们会看着、等着你把事情弄糟，然后他们可以跳进来说：“早就告诉过你了。”或者当某件伟大的事情发生时，他们会给你泼冷水，试图让你觉得不值得，通常这并不是坏事，他们只是因为自己的生活缺乏意义。他们怨恨你，是因为你在他们感到那么空虚的时候感到满足。因此，当人们讨厌我时，我不会生气。我知道那不是冲着我来的，而是冲着他们自己来的。我追求更高的目标，想想自己是特氟龙的不粘锅材料。任何东西，尤其是讨厌的评论都粘不住你，并且用爱回应。没有必要争论或证明什么，相反，要善良、慈悲、平静。把仇恨变成爱、消极变成积极、嫉妒变成友谊是可能的，这一切都从理解开始。怀恨在心者需要爱，但他们的不良行为阻碍着他们，我们要超越它，报之以一颗开放的心。有时，一个小手势就可以使一个反对你的人站到你这一边。

C H A P T E R F I V E

第五章

保持信念

我妈妈说，我小的时候，也许是五岁，平平淡淡地告诉她："我要住在一个城市里，我要成名。"我不记得说过这种话，但她认为我一定早就有了愿望。不知何故，我那时就知道这些。

我在十岁时就知道我要改变世界，帮助人们。

我不记得我的家人有过一次不去教堂的时候，去教堂是我生活和成长的重要组成部分。在我父母刚刚收养我时，他们在哈丁威尔基督教会教堂的底层举办了一个大型的迎婴派对，以便朋友和教会成员可以见到我。她看到自己的祷告得到了回应，梦想变成了现实（应当指的是我），她的信心坚如磐石。她告诉我，没有信心，不信自己，生命就空虚，毫无意义。

这一点我深信不疑。如果生活里不自信，我将会感到一片空白——就像我的精神和灵魂中存在一个巨大的黑洞一样。你可以努力用自己喜欢的一切来填补这个黑洞，而且人们就是这样做的。他们用毒品、酒精、食物、金钱、不健康的关系来填补它。你有没有想过如何填补自己有时感觉到的内心的空虚？您能伸手触及什么？你求助于谁或向什么求助？我所领悟到的是，老天用快乐、平安、智慧、感谢、希望来充实你。

哈丁顿有两个教堂，镇上的每个人都会去其中一个教堂。我们去的教堂就在我们家旁边，所以可以走着过去。在我去那里的时候，我们教堂有一对夫妇，是一对完全不同的传道人。乔普特南牧师和他妻子洛伊斯，在此服务了几年，是我父母真正的好朋友。我五岁的时候，我有一副没有镜片的红框眼镜，我读书的时候总坚持要戴着。我妈妈称这副眼镜为我的莎莉·杰西·拉斐尔眼镜。戴上这副眼镜，我看起来很像脱口秀主持人。我猜他们想让我看起来像个严肃的学究。洛伊斯在教堂里指挥我们唱歌，当她告诉我们拿出赞美诗的时候，我大声说："等等！我需要戴上阅读眼镜！"

教堂非常小，只够容纳二十多个来参加主日聚会的人。我记得来的主要是老年人，孩子很少，但我并不在意。我喜欢大人，在他们中间我毫不逊色。我仍然可以描绘出那一行行铺着绿色垫子的长椅以及舞台右侧的一个受洗的地方。

在准备复活节主日聚会的时候，我妈妈会带我到商场买件新衣服，我们会选择一些漂亮的东西，通常有很多皱褶和花边，不过有一年春天，我把这个习惯改掉了，我选的是海军蓝，配白色波尔卡圆点。复活节前整整一年，我决定把头发剪成齐耳短发。因为每个人的反应都那么强烈，所以，那是我第一次也是最后一次自己故意要留短发。长发是我的标志！

我的贵人

我的朋友：考特尼 · 格兰特

我第一次见到珍是在奥兰多机场。说起这事话就长了，不过长话短说，我是她离开小镇时搬来和她同住的新室友。她的另一位室友尼克，让我和她一起去接她。据我所知，听说我要来和她们同住，她并不那么激动。我没有工作，也没有车，而她只说："哦，不是吧！"但我赢得了她的支持，我们最终住在了一起，我们三个人，一起住了一年多。

珍是唯一叫我格兰特的人（她的家人除外）。格兰特是我那时做自我介绍的时候我告诉她的名字——当时我有个代理，他认为做模特的时候用这个名称更好。现在我的名字回到了考特尼，但对她来说，我仍然是格兰特，而且永远也不会改变。

她总是能逗我笑，我们是最好的朋友。我们没有一天能不见面、不通电话、不发短信、不留言或不通过"阅后即焚"联系。她会因为工作去长途旅行，我就会说："再见，旅途愉快。"

她就会对我发怒："你为什么不伤心？为什么你不更想念我？"我会说："嘿，我知道，到了迪拜、日本，或者无论你要去哪里，你都会在到达的那一刻给我留言的！"我们那么亲密，不像是有一片大海或几个大陆就能把我们分开的。

过去八年，我们彼此相知，我们一起成长了许多。她是一个因为自己发出的能量而把人们吸引到她身边的人。你无法解释，这就是珍。她是最乐善好施的人，当她想要你成为她生活的一部分时，她就会全身心付出。我乐意被动接受。

顽皮姑娘的天堂

上六年级的时候，我启程去伊利亚纳营地，伊利亚纳营地是一个教会营地。从我家到那需要一个小时多一点的时间，在印第安纳州华盛顿以外，刚刚越过印第安纳州的边界。我第一次去那里感觉很有意思：整整一个星期都是史诗礼拜音乐、歌手和吉他手。他们唱了最酷的敬拜歌曲，就像我在基督教广播电台里听到的那首一样，充满了激情和信念。当我和其他露营者一起唱歌时，我们的双手伸向空中，真真正正地随着音乐翩翩起舞。我从来没有见过人们这样表达过崇拜。我们教会的人相当平静，仪式进行过程中，他们只是坐在那里。他们没有如痴如狂！开始我感觉非常不舒服，但后来发现自己忘记了自我意识，任音乐和话语充实了灵魂，很快我的双手就伸向了空中。

营地僻静，面积也不大，但对我来说似乎无边无际。你必须爬上爬下，穿过整个营地，翻越起伏陡峭的山丘才能到达小屋、去做礼拜或吃饭。我会举头仰望，看着指向天空的树木以及透过树木照耀进来的阳光。感觉那里如此安全和安静——与世界其他地方隔绝开来。我也喜欢所有的大型活动：我们有两个大池塘，一条史诗般的飞索穿过树林上空，一架巨大的秋千，还有皮划艇、独木舟，甚至还有攀岩墙。这里是这个小小的顽皮姑娘的天堂！

在去过营地、以这样赋予人力量的方式经历过礼拜和布道之后，再回我们小教堂对我来说就没有多大意义了。我八年级的时候告诉父母，我想换一座教堂。基督高地教会也在这座小城，他们继续着使命之旅，有一个礼拜乐队，还发起青年会。我父母答应带我去高地教会，但他们仍然“和其他老人一起去”哈丁威尔基督教会教堂。最终，我成功地让他们跟我走了，他们也转到了那里，到现在都还是那里的会员。

十三岁的时候，我在圣路易斯参加了一个大型基督教青年周末会议。我有了最令人敬畏的礼拜经历，几乎像一场摇滚音乐会，因为我们大约有两千人参加会议。我只是庞大人群中的一个，但是突然，我觉着崇拜领袖正在直接对我说话：“如果任何人感觉受到了感召要获拯救，欢迎你到前面来。我们将与你一起祷告，为你祷告！”

我最不想做的事情就是走到所有人面前，这太丢脸了。但是，我莫名其妙地被一波情绪打动着。我开始哭泣，而我是不哭的，以前从来没有哭过。尤其是不在公开场合哭泣！但我停不下来。然后我觉得自己被拉到了礼堂的前面，而且我无法抗拒。我走了上去，决定得救，就在此地，此时此刻。我无法分辨是什么催化了我，只是感觉我准备好了。两个星期后，我回到家里，在家乡的我的教堂里接受了洗礼。这完全是我自己的决定，是我想做的一个承诺。

中学毕业后我搬到了佛罗里达，这个时候我发现了一个非常令人惊讶的非教派教堂，名叫“真实生活”。传道人贾斯汀那时候年龄“奔四”，穿着带纽扣的格子衬衫和牛仔裤，通常穿着人字拖。他带点南方口音，只是一个保持着纯真的乡村好男孩。每一次讲道，我都会惊得目瞪口呆，感觉面目一新。带着彻悟离开，我感觉眼前似乎满是希望。

我加入了一个年轻的成年人团体和一个妇女团体，我们每周都见面。但是每周三天的基督时间对我来说还不够。我学到了好多东西，天天遇到很多新人，这几乎和在教会营地时一模一样。只有一点非常不同：我们现在都在应付成年人的生活。我在独自生活，自己付账，在各种关系中挣扎。

在此期间我遇到的最出色的人之一是我的朋友凯利。一天早上，我在参加主日聚会，因为我是新来的，谁也不认识，所以我坐在后面。我们开始交谈，后来每个星期天都坐在一起，最后转移到前排。凯利的信仰似乎是我从来没有见过的，她在生活中享受着自己的信仰，而不只是谈论它。我喜欢看她做礼拜：她闭着眼睛，双手向天高举着。每个星期天离开教堂之后，我们会去吃午饭，谈论布道以及我们每一周剩下的日子。在生活中很少能找到一个彻底纯粹的人，很难找到一个说到做到而不只是泛泛而谈的人。当我想起她，我就可以听到她说："是的，姑娘，你说得对！"她总是提醒我，她认为我是多么美丽和多么有才华，她多么为我感到自豪。因为"现实生活"教堂和凯利，我开始对自己祷告生活和圣经阅读更加认真，总是坚持每天早晚祷告。

我的贵人

我的牧师：杰里米·特里特

从你遇见珍·布里克的那一刻起，你会发现自己在问："她的这种力量是从哪里来的？"她会第一个告诉你，自己的这种力量来自对耶稣的信仰。作为她的牧师，我可以告诉你，她的信心是正统的。正如珍已达到的境界，她的身份并非来源于她为了激励他人所做的一切，而是来源于上帝在基督那里为她所做的一切。我的四个年轻女儿依赖珍，不仅因为她是一个令人

惊异的体操运动员和一个克服了重重障碍的女人，而且因为她是个眼睛始终盯着耶稣的人，我喜欢这个事实。

搬到洛杉矶的时候，我度过了一段艰难的时光。除了我的笔记本电脑、一张供我睡眠的婴儿床和朋友马里亚纳送我的一张拼贴画外，我的公寓里光秃秃的。拼贴画是马里亚纳自己做的，是她在奥兰多的告别聚会上送给我的礼物。在洛杉矶我只认识几个人，那里的一切都更大、更艰难、更昂贵。我祈祷找到一个强大的基督徒朋友社区以及一个像"真实生活"一样伟大的教堂。这花了我好几年工夫，但我最后终于在我现在所在的教会安了家——洛杉矶现实教堂。事情来得轻而易举，这是我曾经去过的最特别也最独特的教堂，是对我百分之百祷告的回应。现实教堂在中学的一个礼堂里举行三次主日聚会。这里从本质上是个千禧教堂，意味着崇拜者都是二三十岁的年轻人。牧师都是诚实、开放、脆弱、真实的人。礼拜期间，台上台下所有的灯光都昏暗下来，没有东西会让我分散心神。我已认识到，他的话语是活生生的，我们每读一次，他对我们讲话的层次都不一样。对我来说，同一节经文在不同的日子可以适用于完全不同的东西。渐渐地，我读懂了整个圣经，但不只是为了在检查自己的待办事项列表时有成就感。我在寻找它的意义、它的光、它对我现在和将来的意义。我的信心已经增长，因为我看到了神如何把他的祝福赐给了我。老实说，我从祷告中获得了很高的灵性。它鼓舞我，同时也令我脚踏实地。它不断提醒我，我从来不是孤独的，从来没有失去过保护，从来没有失去过爱。而这是祝福的本质。即使在我最黑暗的日子，当我感到沮丧、绝望或只是平淡地盼着某人或某事过去的日子也是如此。它是我的救生衣，把我拉回安全的地方。

要信！

你有召唤要听从！

我每天祷告，一天祷告几次。祷告不需要很长时间，也不花很多力气。每次祷告，只是敞开心扉，说出心里的话。对我来说，祈祷使我立即回到正题上，而且立即让我打通了他的电话，他它让你瞬间感到安宁和平静。珍，你不必担心，不必承受压力。上帝在这里，他在听，他会照应你的！如果你疏于练习，不要担心。你不必下跪，甚至不必闭上眼睛。你不必打开《新约》，只要用心讲话，上帝就会得到响亮、清楚的消息。

很多人告诉我："真为你高兴，珍。你知道自己有召唤要听从，而我却没有。"我要说你也有，可能你还不知道是什么。有些人生下来就知道他们自己的召唤是什么，而其他人需要随着时间的推移才发现它。一夜之间，甚至几个星期、几个月或几年才发现它也是可能的，但它就在那里。你一生中可能受到许多次召唤，有些大，有些小，但它们都很重要。它们正在帮助你成为神想要你变成的样子。尝试，失败，然后再次尝试。不知道自己在干什么也无所谓，看起来很傻或感觉尴尬也没什么，就像你自己个人的拉拉队总是在吟唱："你可以这样做！"

需要灵感吗？想想让你微笑、大笑、感到振奋的是什么。什么会让你早上想从床上跃起，开始新的一天？什么会让你离开沙发？想一想：你的心和幸福在哪里？也许是你小时候喜欢做的事情，也许是一种爱好，试着拥抱它。如果并非朋友或家人酷爱的东西，也不要担心。谁会希望树下的所有礼物都包着同样的包装纸呢？我可不希望！我想要多样性——不同的蝴蝶结，闪着各种光泽，颜色各种各样。如果我们的爱好都一模一样，世界将会相当无聊、沉闷。当你做自己所爱的事情时，你所完成的不仅是你自己的需要和欲望，你所满足的也是神对你生活的安排，这是一个双赢的局面！

C H A P T E R S I X

第六章

打破禁锢

翻滚的首要规则是，你需要平稳落地——双脚并拢，站立坚定而挺拔，不能摇摆，更不能跨出一步。当然，这对我来说根本不可能。当我完成一次翻滚，我的身体就会自然而然地“弹跳”。我需要弄明白：我怎么做才能平稳落地，而不被扣分。我的教练和父母经过讨论后去和裁判员沟通，得到同意，放宽一定的计分条件。但我认定：不能有特殊待遇。我会做到比赛级别内其他体操运动员完成的同样的动作。我们一起专门为我设计出一种“沉落”式落地，让我在规定动作结束时下沉，并保持这个姿势——我的特殊落地姿势成功了。它需要和那些用腿落地的运动员一样有力而稳定，纹丝不动，所以，这个动作符合标准。

无论参加什么体育比赛，我总是立志要赢得奖牌或奖杯，我必须赢。我和其他人一样为了赢得比赛，付出了心血、汗水，还有泪水，无一例外。有什么能阻止我前进吗？也许有。但对我来说，这比有人指责我利用身体优势钻评分的空子（有几个参赛运动员就是这样抨击我的）要好。那绝不是我要的真正的胜利，我就是要证明没有什么是不可能的。

我的教练看出我是个有才能的力量型体操运动员。我有天生的身体平衡感和空中意识。我很强健！我从五岁起已经练就了肱二头肌和肱三头肌。进入四年级大约一个月后，贝斯就叫我开始参加体操队的比赛。花式紧身衣与手臂上闪亮的条纹！队服真棒！能成为体操队的一员，我兴奋极了。在比赛季，我的团队每周末都会驱车前往不同的城市或不同的州参加比赛。我会利用不同的技巧完成两个不同的"阶段"，例如：转体半周、后空翻、抱膝和旋子。

当我在运动会上露面时，人们当然会注意到我没有双腿——我认为他们不明白我是来参加比赛的。我怎么能参加呀？不过，参加过几次之后，我出名了，原因不仅仅是我没有双腿，还因为我的技术和社交能力。我始终保持友善的态度和好奇心。我想知道其他参赛选手是哪里来的，想知道他们的队服是什么颜色，他们最拿手的项目是什么。我总有提不完的关于他们每个人生活的问题！

参加伊利诺伊州力量体操锦标赛时，我的竞争对手都有双腿。迄今为止，没有一位没有双腿的选手做到过这一步。其中一家新闻媒体宣称，我正在开创一个崭新的篇章——作为第一个“残疾人”参加比赛，我还从来没有想过要用这样的方式出名。我只是想做我喜欢的事，跟随自己的激情，尽可能远地走下去。我现在知道，来到这个世界上，是为了为各种不同的人铺平道路。但是，我在很长一段时间都没有意识到这一点，特别是在我还是个孩子的时候。我一路拼搏，一直走到了美国业余体育联合会青少年奥运会，在我的赛区，我参加的是四项全能。对我来说，竞争助长了我的激情——没有任何争“第一”的想法。

我的贵人

我首批洛杉矶朋友中的一个：瓦莱丽·雷米－米罗拉

我遇见珍是在她搬到洛杉矶后不久，她立即融入了这个大家庭。过去几年里，我有幸目睹了珍与她周围每个人接触的美丽方式。

我第一次见证这一点是在与我最小的女儿塞布丽娜在一起的时候。珍进入我们的生活时，塞布丽娜刚刚两岁多一点。我女儿很高兴见到一个成年人，和自己高度一样，也喜欢笑，喜欢像她一样玩耍。她们第一次见面，就在一起聊了几个小时，又说又笑，骑在珍的椅子上，一起度过了美好的时光。塞布丽娜有各种各样的问题要问，珍微笑着回答了她提出的每一个问题。

回家的路上，塞布丽娜静静地坐了一会儿，若有所思地宣布：“妈妈，我想像珍那样，我想砍掉双腿！”我的心咯噔一下。我深深地吸了一口气，盘算着如何回答她，这时，我注意到这个可爱的孩子散发出无限的智慧。塞布丽娜想要珍所拥有的一切，她想要她那样的激情、喜悦，以及她对生活的热爱！她想有远大的梦想，生活充满一个又一个奇妙的冒险。她是个无所顾忌的孩子，因为珍没有让她看到任何顾忌。

这是珍与我们所有人分享的最好的礼物之一：她给我们每个人提供了再次变成孩童的机会，像孩子一样观看我们周围的世界，一个充满新奇和令人兴奋的机会的地方；预期每一天，而且知道特别的事情即将发生，今天、明天，以后每天都是；相信，毫无疑虑地相信，一切都真有可能。这是任何人都可以得到的最美、最无价的礼物！

打破规则

老天在我成长的道路上布满了荆棘和障碍。如果我告诉你，我毫不费力地克服了每一个困难，那我是在撒谎。有些尝试把我推到了愤怒和筋疲力尽的极点，有的依然在路的前面。因为我是什么样的人、我的长相，因为人们对我的看法，我知道总有要打破的障碍。我非常年轻的时候就领悟了这个教训。在我上五年级的时候，父母带我去了一个主题公园，从我们家到那儿大约需要一个半小时的车程。我非常兴奋！我家里的每个人都是过山车的痴迷者，我还从来没有坐过。等啊等，我一直盼着那一天快点到来。我们挤进了车里，还带上我的朋友卡拉。想起那一天，我就好像在看慢动作播放：下车，坐在我的轮椅上滚到售票亭前，然后爬出轮椅，用带子把自己固定在一个钟摆似的圆圆的座椅里。

我拉下安全带，看到那个操作人员在看我。我从他的眼睛里看到一丝恐慌。然后，他拿起话筒，叫另外一个人过来——他的上司或公园经理。他们小声嘀咕了一会儿，盯着我看，又低声说了起来。此时此刻，因为娱乐飞车并没有离开，我有一个预感，我是飞车没有出发的原因。

“对不起。”他说，走到我这排座椅旁，卡拉和我全家都绑在我的旁边，“你必须达到一定高度，才能乘坐这个坐椅。”

他的意思就是：“下车。”我知道，那个家伙在按照公园的规则履行自己的职责，但那些规则是错的。更糟糕的是，我不得不挤过排得长长的队伍返回去。我仿佛看到每个人都在用怜悯的眼神看着我。

我的父母爆发了，他们气得脸色发青，在我的生活中还没有见过他们发这么大火。“你敢！”我爸爸直冲着那个家伙喊道。我怕我的父亲要揍他，但我非常生气，所以不想拦住我爸。“你在跟我开玩笑吗？”他向雇员吼道，“你知道你在和谁说话吗！”

现在，我们都在制造一个紧张的氛围。但是，无论我们多么努力地争辩、恳求、苦苦哀求，都没能打动公园的工作人员。他们提出让我全家和卡拉乘坐——除我之外。

这使我爸爸更加愤怒：“那她应该干什么？”他冲他们大声咆哮：“坐在那儿看着我们？”

最后，他们把钱退给了我们，我们气呼呼地离开了。他们唯一允许我乘坐的是那些为幼儿准备的项目。我甚至不能下去玩水滑道。

“他们不了解你。”爸爸试图安慰我，“他们不知道你有多么强壮，你的能力，否则，他们就会知道这些规则多么荒谬可笑。”

我静静地坐在后座上，拼命忍着不哭出来。妈妈为我们俩做了好一阵的思想工作。我失望至极，备受打击。我一辈子从未接受过这个词汇——“不能”。现在，这里有人告诉我“你不能”，而且我们任何人对此都无能为力，这让我大吃一惊。难道我的父母一直是错的吗？在我的生活中有些事情我永远不能做吗？

我父母接下来处理这件事的方法太出人意料了。我们本可以起诉他们，我们可以通知媒体，大做文章，我们还可以打“残疾人”这张牌。与此相反，我妈妈给我们州的众议员打电话并告诉他：“有些法律条文有错误，我们需要对这些错误加以修改。”她给职业安全健康署（OSHA）打电话，然后，她又给主题公园拨电话教育了他们。为了满足座椅的高度要求，我必须带上假肢，而这在高速惊险刺激的乘坐中是不安全的。安全带可以很好地固定我的高度，如果他们真的担心，可以再多加一条安全带，进行双保险。我可不是唯一失去肢体又想坐飞车的人，为什么不让每个人都有乘坐的机会呢？

转眼大约一年的时间过去了，我们全家得到了印第安纳海滩浮桥度假村游乐园的热情接待。我妈妈把我的手递给了游乐园园主，他亲自陪我进入了公园，领我坐上了我人生中的第一辆云霄飞车。我高兴地尖叫着，乘坐了每一种十分刺激的项目，直到心满意足为止，但并不是每个游乐园都这样。说实话，大多数都不这样。我写出这个是希望其他游乐园受到教育，要对那些不平等对待每个人的规则表达反对意见。

我每次去主题公园，它都会给我带来焦虑，真是太有讽刺意味了。这地方不是应该让人轻松愉快、玩得开心吗？对我来说，这个地方给我带来的却是精神紧张和情绪上的波动。我必须用耐心来武装自己；我必须个子变大，忍气吞声；我还必须用脑子，而不是发脾气。我明白制定法律的原因，也知道它们的工作方式，比任何一个公园的经理、园主或雇员知道得都清楚。

不久前，一个很大的主题公园的一位经理向我解释，为什么从医学的角度分析我不能坐云霄飞车。“让你自己把自己固定在座椅上是不可能的。”他说，听起来好像是在诡辩，“这与你的平衡和保持平衡的能力有关。”

我深吸了一口气。老兄，你最好打住，不要再说了，你不知道自己在说什么。我甚至不想浪费时间去告诉他，我可以“平衡”，而且可以“保持”平衡，把自己从丝绸上甩到三十英尺的空中。够了，谢谢你。在演出期间，我以闪电般的速度旋转，我保持平衡的能力是最棒的！

我没有反驳，相反，我直接从他身边绕过去，走进客服中心，打电话给职业安全健康署，他们叫他还有在公园里工作的其他人站好。两个小时后，全体员工护送我回到队列的前面，我上了云霄飞车。好多时间就这么浪费掉了，我本来可以享受公园的快乐氛围，而不是与工作人员争吵的，但我总算赢了。遗憾的是，我每每要做好战斗的准备，知识就是力量，斗智斗勇，令人精疲力竭，但非常值得。战斗并不是为了我自己，而是为了所有被告知“你不能”的人而战。尝试一去不复返了，因为人们害怕被追究责任。

我回想起五年级的那一天，认识到爸爸本来可以简单地说：

“珍妮弗，人家说不行，那就是不行了。”我的很多朋友在长大的过程中一直有人对他们说“规矩就是规矩”，不要挑战权威，但这可不是我父母抚养我的套路。我被培养成性格激烈的人，具有坚定的信念，为了崇高的信仰和原则而斗争。今天你可能赢不了，明天你可能还赢不了，但下面的道路将迎来一个小小的胜利，而它可以改变一切。

要信！

你需要合适的团队来支持自己的梦想

我有个极其出色的家庭支持团队，我把朋友视为家人，他们会为我做任何事情。我的团队是至关重要的，我依赖这些人鼓舞我向上，给我提出英明的建议，甚至在我需要小小的提醒时，给我当头一棒！这支团队包括我的父母、兄弟姐妹，我的朋友加里、杰森·克莱蒙（同卵双胞胎）、格兰特、克林，还有我的老室友科迪和我的朋友亨特·艾伦。亨特是个极其镇定的人，我在他身边可以一塌糊涂，可以是一堆废物，可以不完美。

找到这些类型！寻找那些心中装着你最大利益（与他们的利益截然相反）的人，了解你的希望、你的梦想和目标的朋友，会竭尽全力帮助你达到目标的朋友。你的生活里充满了那些希望你变得更好的亲人，包容、善良、具有坚强道德品质的人们。

要选择那些推动你的人，在这里，我指的是那些不让你躺在荣誉上犯懒的人。相反，他们敦促你，提醒你抓住机会，尝试新东西，从安逸里走出来进行新的冒险。最后，围绕在你身边的都是充满正能量的人，而没有爱唠叨、自寻烦恼或充满负能量的白痴。选择那些看到玻璃杯里只有半杯水并鼓励你做同样事情的人。每当我处于低谷时，我会立即打电话或发短信给这些人，他们会从很糟糕的状态中找出能够激励你的长处。当有人向你保证困难会过去时，你将很难再情绪低落或愤怒，如果还是不行，那就去网上看片，去买冰淇淋吃吧。

C H A P T E R　S E V E N

第七章

秘密姐妹

这个故事里谈到很多有关我联系到我妹妹奥林匹克体操运动员多米尼克·莫西努的事情，我告诉她，我是她失散多年的姐姐。她在回忆录中写了相关的内容，我们在报纸、杂志和电视采访中也谈到了此事，但那只是故事的一半。对我来说，最重要的一半是在最初相遇之后：我与妹妹和生母之间的关系的演变过程。这个故事没有结束，我们只是在彼此的生活中找到了相处的方式。

我一直知道自己是被收养的，这件事没有给我带来多少困扰。我的养父母知道总有一天我会因为好奇，开始寻根究源，但他们希望这件事发生得越晚越好。我被收养这件事应该是封闭的，我甚至不应该知道自己的生身父母是谁。

我十六岁那年，这一天终于来了。我的朋友卡西也是被收养的，她发现了自己生父母的姓氏。这件事看上去很酷，也很神秘，是一个谜题。我能找到我的吗？这将会透露给我什么东西？我以前从来没有对此好奇过，从来没有任何理由去认为父母隐藏了什么。但是，老天把这个想法塞进了我的脑海。到了该弄清楚的时候了。

“那么，”我开始与我妈妈交谈，“你知道我出生时的姓氏吗？你知道我生身父母的一些事情吗？”

她的反应是等会儿再说！她走出去给我爸爸打了电话，问他该告诉我什么，还是等他下班回家再说呢？我还这么小，他们是否应该告诉我呢？爸爸告诉妈妈不要让我再等着了，所以她就把所有事情都告诉我了。她掏出一个马尼拉纸制作的信封，里面装满了文件。

“好吧，珍妮弗。”她开始说，“你永远不会相信的。”她把所有文件都摆在桌子上。“你出生时的姓是莫西努。”她说。

我知道，我就是知道，在某种程度上，我始终都知道。我想她在等我做出反应，但是我没有。

我的贵人

我的终身好友：卡西·万普勒

我十个月大的时候就认识珍。我们的妈妈是终身好友，因此，我们一起长大。我们做了所有"正常"孩子都做过的事情：我们游泳，做体育运动，去滑旱冰，还去跳舞。珍一直是个贪玩、意志坚强、独立的人。我们有太多的共同点：我们都是家里的宝贝，都是被收养的。我们生活在一起，分享了很多生活的乐趣，对我来说，我心里知道，有个像珍这样的朋友，会让我的生活更加快乐。我虽然没有福气拥有自己的姐妹，但有个亲密的挚友也不错，我一直把我们俩视为一体。

在外表上，我必须显得异常平静，但在我的内心，却又兴奋又紧张。"多米尼克是我的妹妹。"这是一个陈述句，而不是一个疑问句，这一切都讲得通了。当然，我的父母几年前就根据事实做出了推断。他们在与我一起观看奥运会的时候，看到了我十分迷恋十四岁的体操运动员，也看到了她父母的名字，当时，她的父母也在观众席上观看她的比赛。我妈妈在我的收养文件上看见过他们的签名。从那一刻起，她知道我的偶像就是我的妹妹。

但是，他们做出了一个非常困难的决定，保持沉默，还不到说的时机。他们认为，这对我们中的任何一个人都不公平。我尊重他们的决定，而且清楚那个决定出自他们最纯洁的心灵深处。我很想知道，如果我能早一些知道，会发生什么事情呢？当然，我们失散了很多年，我们本可以一直作为姐妹生活在一起。但是，正像我说的，在某种意义上，我想我还是不知道的好。我只是需要确认这条消息，我需要做好确认这个消息的准备。

新线索不断出现，我开始进入侦探的角色，在网上进行了材料搜集。我想弄清楚我为什么出生在伊利诺伊州，而多米尼克却出生在洛杉矶。得到的答案是，生我的家庭当时在美国不停地搬迁，因此，多米尼克可以接受不同教练的训练。我们的小妹妹克里斯蒂娜，实际上出生在坦帕市。我渐渐弄清楚了这一切。我去浏览多米尼克的网站，第一次看到克里斯蒂娜的照片，仿佛在看自己的照片一样。噢，如果我有双腿，那就是我长着双腿的样子！我爸爸走过来，迅速瞥了一眼屏幕上的图片。“珍，你什么时候去滑雪了？”他问。

“我没去滑雪，爸爸，那是我妹妹。”她（看上去和我长得一模一样），就连我父亲也分辨不出来。

我意识到我必须和多米尼克取得联系，但也不像打个电话那么简单。我花了四年时间，经历了几次失败的尝试。首先，我请我的叔叔盖里（以前做过私人调查员）去寻找我的亲生父母，并和他们接触。盖里叔叔也确实和德米特里谈了话，向他解释说我想和我妹妹联系。德米特里不是很接受这个想法，但他承认自己和卡梅里亚将一个孩子送去领养了。与我叔叔初次交谈之后，他沉默了，显然他想保守这个秘密（我），他不愿意帮我联系我的亲妹妹，第一次尝试失败了。因此，我更改了比赛计划，准备与多米尼克接触。我订阅了她的网站，发现她正在巡回比赛——其中一站是印第安纳州的波利斯。这个地方离我家只有两个半小时的车程，所以，我有了一个大胆的想法，出现在赛场上，马上跑到体操馆的场地上去，找到多米尼克，告诉她我是她失散多年的姐姐！这是我头脑中“完美”的计划，但是，在我要去买票的前两周，我得到了她受伤的消息，而且她不得不退出了巡回比赛。我非常沮丧和失望！第二次尝试又失败了。

我的情绪跌到了低谷。中学毕业我搬到佛罗里达州之后，我感到不知所措和心烦意乱，找妹妹的想法只好先放到了一边。2007年年底，我的想法，甚至我梦想找到生身父母的想法都被吞噬了。至此，我做了第三次尝试，准备最后一搏。我给父母打了电话，告诉他们我想再试一次。我需要他们复制我被收养的所有法律文件，并把这些复印件发给我。然后，我给盖里叔叔打了电话，要求他帮我查出多米尼克在俄亥俄的地址。我把我自己的照片从婴儿时期开始一直到我现在的都复制了一遍，然后，精心制作了一封认真书写好的信，花了好长时间才觉得弄好了。我决定省去我没有双腿这个细节——也许在她获悉自己有一个失散的姐姐的同时，这个细节多多少少显得有点过分。最后，我把自己的身心都一起装进了一个大号马尼拉信封，满载我的希望和祈祷寄了出去。

回想起来，我在邮局的所作所为相当滑稽可笑。由于当时多米尼克很有名气，我担心有人会拦截她的包裹。我向邮局的女职员询问了所有可能发生的情况。“好的，如果她本人不在那里，其他人都不能替她代签，对吧？如果那里有别人，但不是她，他们也不能接受包裹，对不对？”我用不同的方式一遍又一遍地询问同样的问题，以确认我所想到的问题全都问过了，而且没有遗漏掉任何要点，那位女士一定认为我不正常。

我等了两个星期，这真是我这辈子最长的两个星期。我记得当时我和邻居在我家的前门说话。她说：“我要去看看有没有邮件，你想要我把你的也取回来吗？”我说：“当然可以，谢谢。”她回来的时候给我带回来一张圣诞卡。我打开信封，一封有多米尼克签名的信纸从卡片里掉了出来。一瞬间，我的心脏停止了跳动。我等待这一刻何止两个星期呀，我一直等待和祈祷了四年啊。然后，我感到一阵恐惧。要是她和克里斯蒂娜不肯认我，那该怎么办？倘若他们不想与我有任何关系该怎么办？

这是生活中一次真正的“创可贴”时刻。就像扯掉一条创可贴一样，最好是把这件事处理妥当，犹豫不决毫无意义。我急忙打开信件，想一口气读完它。我永远不会忘记，当我看到信的中间时，多米尼克说：“你就要当姨妈了！”读到这里，我马上知道，她已经接纳了我，成为她家的一员。收到信的第二天，有人敲我的房门，一位送货员交给我一个插花花篮。谁会送我花呢？随后我读了花篮里的便条："爱你的多米尼克和克里斯蒂娜。"我知道多米尼克就要生第一个宝宝了，而且还要完成大学学业，所以我决定多给她留点时间，我让她先行动。我现在还保留着盛放那些花的花瓶，摆放在我床旁边的床头柜上，它标志着我们相互接纳的开始。

几周后，我在去迪斯尼工作的路上，忽然接到一个陌生的电话号码打来的电话。我接通了电话，听到一个轻柔的声音说："你好，珍妮弗？ 我是多米尼克。"我一开始惊讶得不知道说什么好（我知道，我，说不出话来！震惊！）。但是真的，自己童年时的偶像竟然变成了失散多年的亲妹妹，你会说什么？然后，那个妹妹打电话给你，而你却没预料到！我深深地吸了一口气，试图摆脱这种尴尬的局面，就像和一位亲密朋友交谈一样。通话在不知不觉中变得自然流畅了起来，我们在电话里聊了一个多小时。通话快结束时，我意识到，我还没有告诉她我没有腿。我真希望她父母已经跟她说了放弃我的原因，也许，我想，我该"竹筒倒豆子"，一口气把这件事说出来，不经意地随口抛出来……

我真这样做了，就在我们要挂断电话之前，我说："哦，你可能已经知道了，我生出来就没有双腿。"多米尼克在电话的另一端沉默了一会儿。噢，原来她不知道。我可以察觉到她在试图用一个恰当的方式回答我。

然后她打破了沉默，结结巴巴地说："哦，哦 ……啊，不会是真的吧，我真的不知道。"她在尽量保持礼貌和体贴，让人听起来不那么反常。我几乎感到了不舒服，因为她已经受到了一次惊吓（我的出现），而现在她不得不妥善处理第二次惊吓。这就是我故意在信中只字未提的原因，一次出现太多的新情况会消化不了的。

"那么，"她继续说，"我们什么时候能见个面呢？我们一定要见个面！"

知道她想要更多地了解我，我的一颗悬着的心终于放了下来。四个月后，2008年5月的一天，克里斯蒂娜和我都飞到了俄亥俄州，我们三个人第一次在多米尼克的家里见了面。当时，我们的父亲德米特里还活着，不过，当年不久他就死于了癌症。他知道我们三个人即将相聚，我很想知道他是怎么想的。我听说，在他生命走到尽头时，他向全家表示赎罪，她甚至还告诉我妹妹，他很想见见我。不幸的是，他在见到我之前就死了。我心里装着一百万个问题要问他，不过，我想我们会相处得很好的。像我一样，他的个性很要强，非常容易激动。妹妹告诉我，他为我感到骄傲，为"莫西努"家里有我而骄傲。我想他在自己生命的尽头，意识到了自己所犯的错误，并为此感到后悔。

我希望他找到平静，会因为老天的仁慈感到欣慰，老天希望我们的家庭最终团聚。

虽然我和姐妹们都想让事情顺利发展，没有阻力，但是，我们每个人都仍然需要经历一段调整期。我必须明白该如何适应这个与我成长的家庭完全不同的家庭。我是个局外人，初来乍到的新人。多米和克里斯蒂娜的童年很艰辛，他们在那个时期学会了相互依赖。结果他们总会更亲近些，而我必须对此表示接受。我承认一开始还有点嫉妒。他们之间有自己的笑话，她们有共同的记忆。克里斯蒂娜也很纠结——以前她是最小的妹妹，现在她必须腾出地方让别人插进来。增进我们之间关系的唯一方法是多投入时间——通过交谈把话说透，敞开心扉，开诚布公地交流我们的情感。

我的贵人

我的妹妹：多米尼克·莫西努

和珍一见面，你就会有强烈的欲望想知道她是谁。她的个性高于生活：非常阳光，对人友好，有很强的幽默感——我们可以一直开玩笑，笑声不断。我欣赏她的驾驭能力，因为在我成长过程中，我也有很多像她的地方，直到现在依然如此。她在心里设定好一个目标，就会朝那个方向努力，尽全力完成她的伟大梦想。我明白，在她成长过程中，她从一个孩子，发展到青春少女，直到长成今天的样子。那样的童年时代对一个人的影响，爱的力量，真是令人吃惊啊。

我认识她时，她已变得相当强大。我们上次见面聊了很多这方面的问题，能达到如此放松的程度，能够一起随心所欲地交谈，简直太好了。我对自己的信仰持更加隐秘的态度，我为自己的信仰感到骄傲，但是，这些年来，我始终视信仰问题为隐私，不宜公开。

我尽量小心掌握好做妹妹的分寸。珍意志坚强，很有主见。当她需要指导时，我会出现在她身边。我知道她想自己经历事情，而且希望完全靠自己想办法解决问题。我总是和她在一起，帮她想办法，我喜欢我们之间的交谈。我总是想给她提建议，我希望她能感觉到需要时可以随时来找我，但我也希望给她自己发挥的空间。

她正在朝着自己的伟大目标努力，她活在自己的梦想里，我很高兴能成为这个梦想之旅的一部分。再过两年多，我们就要相识十年了。想到我们的关系开始的方式，这简直就是疯了。我们的关系从来不是被迫的，我为此感到自豪；我们之间的关系一直是个自然发展的过程，而且随着时间的推移越来越好。作为姐妹，我们可能已发展得恰到好处了，已经到了舒适自然的程度。我们花费了过去八年的时间愈合我们之间的隔阂，那

是一次我们一起成长的伟大的情感旅程。

时间在这里起了关键作用。在我与多米尼克联系上之后又过了四年，我们才与我们亲密小家庭和密友小圈子以外的人分享这个消息，我们不能公开谈论此事。我们的等待有诸多原因，其中最重要的是多米尼克认为，在大量问题蜂拥而至，引起媒体关注之前，我们需要时间互相了解。我很沮丧，但我理解，我们每个人都需要以自己的方式处理这种情况。我没有办法，只好错过了克里斯蒂娜的婚礼，因为人们还不能知道我的情况。后来，在2012年6月，多米尼克出版了自己的书。我和她接受了采访，采访在电视节目《20/20》中播放了出来。

事情变得有点夸张！有些新闻媒体称我们的故事“令人震惊”，是“家庭丑闻”，是“不作为之罪”。他们将多米的生活描述为“动荡的”生活，把我写给她的那封信描述为她生命中“最大的炸弹”。她承认愤怒是她的第一反应，然后予以否认，她感到自己就像生活在谎言里。

听我们所讲的故事感觉太离奇了。我们都知道这个故事，可是在国家电视台的节目上看到的这个故事是一种完全不同的体验。故事一经播出，我的手机就响个不停，人们打电话问我：“以前你怎么什么也没说过？”我生活中的许多人都不知道这件事。我还记得那天晚上在《20/20》电视节目播出后的感觉，我开着车在洛杉矶行驶，就像卸掉了一个沉重的包袱一样轻松。能够在脸书上发布我们三个人在一起的第一张照片是一个非常重要的时刻。

见到我的生母

2009年，我在俄亥俄州多米尼克的家里第一次见到了我的生母。我记得当时电话铃响了，我的心咯噔了一下：卡梅利亚和她丈夫距离这里大约有五分钟的路程。我感觉当时的场景就像慢镜头播放一样：我听到她走进门来，说着我听不懂的罗马尼亚语，然后，她走进客厅，头上戴着一顶巨大的裘皮帽子，慢慢向我走过来。我屏住了呼吸。

她紧紧地抱住我，嘴里不停地说着罗马尼亚语，多米尼克只好做起了翻译。她说我长得非常像克里斯蒂娜和德米特里。整个下午，我给她播放有关我与布兰妮斯·皮尔斯表演的视频，以及我空中杂技表演的照片。她为我生活中发生的所有事情而高兴，她告诉我，她永远不可能给我提供任何这样的机会。我心情沉重，感到莫大的悲哀，甚至在她微笑的时候也没有减轻。一提起过去，她好像就心神不宁，满脸愧疚。过去她几乎什么都没为我做过，我不会让她对此负责任的。可是，无论我怎么向她保证我过得很好，我的生活很幸福，我的身体也很健康，所有的一切都很好，她还是不能原谅自己。这时，我无能为力了，我知道这需要时间慢慢修复。但是，我也知道她是一个有信仰的女人。

第二天，我父母也过来与她相见，还带来了一个鞋盒，里面装满了我小时候的照片。我一直想知道，他们在刚开始重聚的时候是否会感到不适，不过，他们110%地支持我。如果他们感到不安或担心，他们就不会任凭事情发展到这个地步了。他们视我的需要高于一切，并且深信，尽管我与亲生父母家庭走得越来越近，他们也不会失去我，我们之间的纽带牢不可破。

要信！

生活并不总是黑白分明

有时，生活可以真正丰富多彩、复杂多变，你再过一百万年都不会看到的事情却恰恰发生了。那又怎样？你只好适应。有个星期日，我的牧师在教堂说的话，我一直都记得："不要认为自己什么事都做得到，绝不要说'绝不'这个词。你可能对自己说，我绝不会这样做或我绝不会那样做。而事实是，我们是人类，我们都会犯错。这就是我们需要慈悲、同情、感同身受和宽容的原因。每个人的道路都是不同的，每个人都有自己不同的奋斗、挑战、童年、喜悦、胜利和失败。我们不能彼此完全照搬，因为我们所走的路绝不会与另一个人的道路完全相同。我犯过错误，我不完美，我也做过不应该做的事情。但是，我表达了宽容。我知道生活不总是简单明确，我们不能评判别人的所作所为。你唯一可以把握住的是你自己。”

C H A P T E R E I G H T

第八章

名声大噪

2007年，我正在迪斯尼世界工作，这个时候，我第一次在“动物王国”观看了《狮子王》演出。我被演出迷住了，每周至少偷偷混进去看一次。舞蹈演员、舞台颜色以及舞蹈动作，表演令我陶醉，在我的脑海里留下了深深的印象。

在那之前，我一直只想成为运动员。但是，自从我看了这个表演，我的心里燃起了一种渴望。我想，我也可以那样表演。而一旦我确定某个目标，就一定会设法让它实现。通过一位朋友，我见到了纳特·克劳福德，他是一位经验丰富的杂技演员、体操运动员、教练，当时正逢迪斯尼表演，我们在一个健身房会偶尔碰在一起，开始一起在蹦床上跳跃。他热衷于了解所有我可能做的动作，以及我们可以一起做的动作。

“我们应该协调。”他很突然地说，“动作要一致。”

我同意，但他的大多数朋友却劝他不要与我搭档。他们说那是“职业自杀”，会葬送他的职业生涯，他当时一句也没有向我透露。坦率地说，他不在乎别人说什么，他相信自己的直觉。

然而，我的直觉告诉我，我们存在一个最大的问题：我的身体状况实在糟糕！我已大约五年没有参加体操运动了，体能、耐力或定力几乎已丧失殆尽。臀部曾经硬邦邦的肌肉现在变得软塌塌的！我需要加强锻炼，减掉20磅，做好表演的心理准备。但是，对于没有双腿的人来说，锻炼，特别是心血管锻炼，是不容易的。我做的主要是环形赛道训练、皮划艇，还有与纳特在蹦床上做弹跳训练。

纳特从一开始就毫无偏见，相当自信，认为他一定能教会我。他曾经与一个专业团队一起在全国各地巡回演出了十年，所以他清楚自己在做什么。他做足了迎接“挑战”的准备，教我他所会的一切。他直接从“太阳马戏团”拿来了丝绸、红色流动的面料给我看。我完全被它们的美丽和质感以及表演时与身体的接触感陶醉了。纳特所做的每一个技巧动作几乎都是用腿完成的，所以，他只好创新性地想办法教我他所知道的一切——抛开他那娴熟的双腿。

我在丝带上学到的第一个动作叫作“卷体向上”：将每只手上的绸带绕腕一两周，用手臂锁住丝绸，身体保持直立姿态，此时如果你有双腿，进入“屈体”姿势，双腿要在身体前方，向前翻滚。从根本上说，这是在做腾空前翻，每翻转一次，就会沿着绸带向上越升越高，因为绸带在你手臂上越卷越短。当然，这需要消耗中枢肌肉很大的力量并且消耗上肢极大的力量。大脑会给你一种错觉，每次向前翻滚，你就会觉得你要下落，就会产生弯曲双臂提起自己的冲动，这时绝不能这样做，必须摆脱大脑的这种想法，相信技巧技术，千万不要让肘部高过双肩，始终让双臂保持笔直。

在学习这个技巧的头一个月，我的胳膊开始发紫，然后从肘到肩满是淤青。甚至在公共场合，都会有人拦住我，问我是否受到了男朋友的虐待！即使只做一个翻转似乎都无法办到，疼痛难忍。然后，我看到纳特呼呼地连做六七个，我就会因为自己无能而抓狂。

“你总有一天会做到的。”他告诉我，“比你想象得要快。”

他的信心压倒了我的疑虑。我接受了现实，而且做到了。那时我还不知道，卷体向上是非常难的空中技巧，通常只有男人，而非女人做这些动作。难怪做起来如此痛苦和困难！事后看来，我很高兴纳特一开始就教我最难的动作，这确立了我极大的信心。如果我能做这个动作，其他动作就都不在话下了。不久，我的身体习惯了绷紧绸带的压力，我不再出现瘀青了。我从翻卷一个到两个，最后可以完成六个，然后就是坚持不懈地努力。这里包含了很多动作：左移或右移，然后身体失去平衡，在右臂或左臂支撑下卷体向上。

纳特一直这么说：“只是个数字问题，只是个数字问题而已。”意思是，你做的次数越多，就越能体会到其中的真谛。现在我可以自豪地说，我每次都可以连续做五六个卷体向上。我连想都不用想，很轻松就做到了。

最后，我们做好了表演的准备，但世界并不像我所希望的那样容易接受新事物。团里的人担心观众看到我有其他反应：一个“残疾的女孩”做空中表演。每次纳特和我竭力预定到一次表演，都会听到很多人说：“真棒，我喜欢这个表演，但我不知道其他人会有何反应。”我知道观众会疯狂地爱上这个节目。我知道他们会在我空中翻滚的那一刻忘记我没有双腿，我也知道这个表演从来没有人做过。

出尽风头

我在娱乐业的首次演出是我们在一起的第一个表演季。那是在奥兰多安利竞技场的吉祥物体育馆，我们表演了高难度、高技术含量的蹦床节目。机会在最后一刻出现了，半场演出休息时的压轴节目被取消，他们必须尽快找一个节目替换。因此，在演出的前两天，我们接到一个电话，叫我们做准备。我一下子紧张得要死：面对五千位观众！我们不能在小一点的场合开始吗？演出的前一天，我们来到体育场进行排练，所有参加演出的人都在场，包括曾经雇佣过我们的老板。我紧张地抓着纳特的手臂，如果他们看到我改变主意怎么办？

“不要多想。”纳特说，“他们需要我们。”他是对的，我们的处境十分有利。他们处于完全绝望之中，没有其他选择。我们刚完成排练，就得到了满堂喝彩。通过，他们不会变卦了。机会真的降临了。

就在表演开始之前，我全身在发抖。我作为运动员参加每一次比赛，都镇定自若，冷静自信。运动会？体操？我知道那都是十拿九稳，但这是舞台，我将作为一位艺术家站在那里。然后灯光昏暗了下来，我们走出去，站在蹦床上。我进入了演出“状态”，相信纳特，尽力躲开注视着我们的数千双眼睛。

表演结束，整个体育场沸腾了，四周爆发出雷鸣般的掌声。我想，随后几个小时，我一直高兴得合不拢嘴。而纳特呢？兴奋极了，又有点如释重负。我和纳特的首场绸带表演是与海蒂·拉特斯基一起完成的。海蒂是舞蹈家和舞蹈编导，同时还是艺术总监以及海蒂·拉特斯基舞的创始人，她的天赋和创新能力令人惊叹。海蒂听说了我们的情况，问我们愿不愿意与她合作，她当时正在策划一个健全舞者演员和残疾舞者演员同台表演的项目。我有许多需要消化的东西，此前我也从来没有表演过任何舞蹈，更不用说现代舞了，也没有和舞蹈编导同过台，我对以“残疾人”的形象在社区里演出也还有些犹豫。纳特花了很多时间试图说服我，而最终，他做到了。他使我相信不耽于安逸会收获巨大。不用双腿跳舞？当然，为什么不呢？

我的贵人

艺术总监及海蒂·拉特斯基舞创始人：海蒂·拉特斯基

我和珍第一次通电话，就喜欢上了她，因为她告诉我，她害怕和我一起工作，现代舞蹈也超出了她所熟悉的范围。她说，这也恰恰是她必须与我一起工作的理由。我被她的坦诚和直爽以及她敢于冒险的精神所折服。这些年来，我们始终在一起工作，恰恰是这些素质一直渗透在我们之间的关系和公司里。她一直有着完美的专业修养，是工作上的好合作伙伴，和她搭档全都浸透着喜悦和快乐。她是一个杰出的天才，也是一个光闪闪的乐观主义者。我经常告诉她，我多么希望我能像她一样充满积极向上的精神。我为我们一起创造的一切以及我们的深厚友谊感到自豪。

回想起来，与海蒂合作是我做过的最好的决定之一。她教会了我如何从心底迸发出感情，并把它体现在舞台上，如何去感染我周围的每一个人，如何真正地与舞伴交流。我们最终编排出极富魅力的二十分钟的绸带舞——这是闻所未闻的。大部分演员在绸带上停留五到六分钟。我们的首场演出是在新墨西哥州的阿尔伯克基市，我们使脚下银光闪闪的舞台地板上洒满了鲜艳的红色玫瑰花瓣和白色玫瑰花瓣。当我们在空中向上盘旋时，绸带扫起了花瓣，营造出一阵迷你玫瑰花瓣旋风。表演没有配乐，所以观众们能听到的只有我们的呼吸声。演出真是美妙绝伦，动人心魄，带我到达了在体力、感情和精神上都从未到达的境界。我深信，从那一刻起，这将成为我的空中表演“风格”。我知道，我此时做到的不仅仅是一台表演，我还想创造与灵魂对话的艺术作品。

这些表演是那样美丽，它们也同样需要身体的极大付出。我学会了忍受做单臂飞行时永远留在我手腕上的烙印，绸带拉得非常紧，皮肤被搓掉了。在你一遍又一遍地重复这个过程之后，皮肤最终增强了耐受性，但看上去丑陋不堪，而且会痛很长一段时间。有段时间，我们的表演有一部分需要我提起纳特，与此同时，头朝下悬挂在绸带上。他体重185磅，而我大约只有95磅。起初做这个动作如同受刑，不过，一旦我体重下降、身体条件好转、耐受性增强后，一切都变得习惯了。我认识的一些空中杂技演员需要做肩部重塑手术。在用一只手臂做飞行动作时，必须收紧肩胛骨，否则，就会冒肌肉撕裂或旋转肌群损伤的风险，造成严重的永久性损伤。极其幸运的是，我遇到的最糟糕的情况是右肩拉伤，所以，我只好用左臂飞行了大约一个半月。我现在总是记住收紧肩胛骨，不能忘记的教训！

然而，即使已经掌握了所有这些实际经验，预约演出仍然非常困难。我不是普通的高空杂技演员或杂技演员，在所有人眼里，我是风险，是负担。我天天听着这种喋喋不休的唠叨，必须保持专注，不至于每次被拒之门外时抓狂。纳特竭尽全力庇护我，不让我知道被拒的原因，但我心里一清二楚。我会告诉预约方："走着瞧，等着看我的表现，你会后悔的。"但我们需要说服很多人。他们担心我会滑脱，掉下来，伤到自己。

当然，纳特通常是他们表达担心的对象，没有人愿意冒犯一个没有双腿的姑娘。我希望他们直接走过来对我说："你让我们紧张不安。"我不会因为这种担心而生气，因为我几乎在生活中的每一天都在与类似的情况打交道。我知道人们认为某种可能性事件会发生，我知道他们的诸多犹豫，但是他们错了。得罪我的，是他们没有用对待成年人的态度对待我，没有怀着诚实的态度。让我不舒服的是怜悯，而这就是我一直不得不与之战斗的东西。

我是目光的焦点

直到我们预约了布兰妮·斯皮尔斯马戏团的巡回演出后，事情才发生了戏剧性的变化。2009年，布兰妮·斯皮尔斯马戏团的巡回演出是世界上最卖座的巡回演出。毫无疑问，是老天为我安排了这一切！我甚至没有试演。当纳特得到机会参加这次巡回演出时，我和他作为一个团队进入了状态。在我们刚刚踏上巡演之旅时，他感到非常内疚，因为这次巡回演出需要很长时间（毫不夸张），但我坚持认为，对他而言，机会难得，不容错过。他在北美开始排练，并参加了巡演，与此同时，一直在与巡演的同事谈论我。当巡演在奥兰多逗留的时候，所有的演员、舞者、小丑以及高空杂技演员都已经清楚了我的为人，想要和我见面了，所以我去后台拜访了他们。

在欧洲巡回演出一个多月之后，才得以休息。我飞到加拿大去迎接纳特，他是那次巡演的台柱子，我再次与马戏团的演员们见了面。这次，我们见到了组织这次巡回演出的三个主要人物，我和纳特给他们看了我们蹦床表演的录像，就是这么简单，几个月后，我作为特色演员正式成为马戏团巡演的一员，我成了整个北美巡演的另一个台柱子，紧接着是澳大利亚巡演，这一切简直有点不可思议。此时此刻，我入行只有一年多一点（实在没有经验！），有一个晚上，我要为两万观众表演。我给自己打气：珍，在这里你有两个选择，要么应付自如，要么在万众瞩目下一败涂地。你没有腿，就注定你没有犯任何重大错误的余地。如果我要彻底毁灭，这就会是一场惨败，我早已与这份工作无缘了，更不用说我的职业生涯了 。我不能失败。

每次演出前，我都会找一个黑暗的角落，用黑色斗篷盖住头，花上二三十分钟祈祷，在脑海里再过一遍整个演出动作。然后就到了登台演出的时间！穿过人群时，斗篷隐藏了服装，这样，观众中就没人能看出我们是演员。然后我们会进入下面巨大的后台。与马戏团相似，这里通常有三个场地在同时演出，中间一个场地最大，上方有一个巨大的LED屏幕投放节目图像。所有的准备活动都在舞台下面进行，舞台下面像小城市一样喧闹：舞蹈演员在做拉伸，女服装师在关闭灯光的瞬间更换服装，发型师和化妆师在演员要登场的最后一刻，还在做最后的打理。

布兰妮总是第一个出场，再过一会儿是乔丁·斯帕克斯，她是一个超可爱的姑娘，之后是小野猫组合，他们的演出从没有失败过，掌声和欢呼声能把房子掀翻。压轴戏之前，有二十分钟的中场休息，这时候压倒一切的倒计时就开始了："10，9，8，7，6，5，4，3，2，1……"此时此刻，观众开始发狂。这个时候，就轮到我们上场了，"天花板"会逐渐降低，我们会走上一个平台。我总是揉揉纳特的头祝他好运，这是我的表达方式。所有男演员都必须在巡演之前剃成光头，我喜欢他那锃光瓦亮的头顶。平台会慢慢上升，将我们送到观众席中间，最后到达舞台顶端。我记得眼前人山人海，观众在尖叫，闪光灯不停地闪烁，空气中弥漫着带电的感觉。就在观众们沉浸在这忘乎所以的时刻，蹦床已被悄悄推上了舞台。那不是家庭后院里放置的普通蹦床，而是一个十二英尺乘以十四英尺的比赛用蹦床，具有强劲的弹力。

随着“嘣”的一声，聚光灯直射在我们身上。我们从场地相对的两侧进入中间的演出场地，在蹦床前面相遇了。我坐在轮椅上，纳特会走在我后面，双手放在我的臀部，在强节奏的音乐声中，将我从椅子中向后抛出，飞到蹦床上。太震撼了！这出乎所有人的预料，我总会听到观众的大声惊呼，紧跟着是一阵欢呼。我最后摆出的造型同样惊人：我会高高弹起，在空中做一个转体半周，背朝下落在纳特高高举起的双臂上。肾上腺素分泌飙升得很不真实。

经历了十次演出（我总共表演了大约四十次），让我紧张的神经放松下来，我才真正开始享受表演。巡演中最酷的时刻之一是我的父母、我家庭的亲密朋友珍妮丝·亨宁和我哥哥布拉德来看我。离他们最近的演出地是芝加哥，他们一起来到芝加哥。我为他们弄到了“五十码线座位”，不偏不倚正好面对舞台的中间，这样，他们就会在最佳位置看到表演。这是他们第一次看到我表演，我妈妈说，吓得她半天没喘过气来。我仍在揶揄爸爸，因为他去了布兰妮斯皮尔斯音乐会（约翰尼·卡什的音乐更接近他的速度！）。在我们去的所有城市，我们都会搞到免费门票送给朋友和家人。在迪斯尼工作后，我在全国各地都有了朋友，所以，不管在哪儿，总有我想要见的人。他们会来看演出，为我加油。

我必须在麦迪逊广场花园演出三次（MTV新闻说，我们的节目是来看表演的前五大理由之一），在澳大利亚的一个大型舞台上，布兰妮在调校音效期间，实际上停止了一切，来看我们排练。那天晚上，我记得，纳特抱着我高高站在舞台之上，我想，这太疯狂了！这是我的生活！面对两万名观众，在音乐会舞台上表演忽然令人兴奋、恐惧又真实。这是我唯一可取之处，布兰妮，我会永远感谢你！我们巡演一回来，就有人会想到我。没有人担心我不能演出。主题从来没有变动过，绝对没有。巡演给了我信心和信誉。在娱乐界，我已不再仅仅是个访客，我在这里扎下了根。

在表演中，我找到了我生活中一直缺少的东西：一种平静又融为一体的感觉。找到自己创新的方法是多么重要，这不仅是释放日常生活压力的一种休息和消遣，也是与内心沟通的时机，是把能量转化为正能量和创造性的渠道。翻滚给了我力量和信心，而表演令我平静和通透。演出时，我心无旁骛，私心杂念一扫而光，失败、任何人和任何事都不复存在，只有此时此刻。我把所有一切都摊在了桌面上：我的情感、我的烦恼、我的关切、我的挫折和我的恐惧。然后，我让它们全部慢慢消失，这治愈了我的灵魂，从内心最深处点亮了我的每个空间。我发誓，有时我感到亮光正在从我的每个部分爆发出来，而且闪耀着光芒。我到过世界各地（都柏林、利物浦、悉尼、迪拜、东京、卡塔尔、杜塞尔多夫、阿姆斯特丹、香港、马来西亚、芝加哥、奥兰多、波士顿、奥斯汀、洛杉矶和纽约等），每次演出，都让我更加确切地知道，这是我生来就该做的。

要信！

最微小的行为可以改变人生

我要由衷地感谢纳特，是他发现了我的潜能，带我走上了正轨。感谢布兰妮和她的团队允许我参加马戏团巡演，非常肯定，我相信他们没有把这看成是大事，但它彻底改变了我的生活。我现在意识到，有时我们认为没什么“了不起”的事情对别的人来说却是非常重要的。这有一个恰当的例子：有对年轻夫妇生下一个没有双腿的男孩，和我一模一样，他的名字叫布罗迪。他们不知道该怎么办，非常发愁，不知道如何面对这样的孩子。他们在新闻上看到了我，设法与我父母取得了联系，询问他们有什么好的建议。最终，我们见了面，恰恰在孩子十二岁的时候，我继续指导他们如何教导孩子。我说：“不要给他设限。”我不厌其烦地告诉他们我父母如何持续不断地要我尝试一切事情，失败了重新再来。他们露出了笑容，道了谢，回去安排自己的生活。我从来没有再想过这件事，这仅仅是我生命中的几分钟。但是，后来我发现，去年布罗迪已经长大成人，正在残奥曲棍球队打球。布罗迪在公开场合演讲，激励人们，他把成功归功于我。我！我都不知道他是怎么做的，或者说我不知道自己对他和家人有多大影响。在我了解了这件事时，我完全感到困惑，受之有愧，也很荣幸。你永远不知道什么时候一个小小的善举会改变一个人的人生。所以我说，要做好事——每天每秒。

C H A P T E R N I N E

第九章

我的这颗心

我永远有一颗不寻常的心——不仅仅是因为它长在我胸膛的右侧！我对世事的感觉非常强烈，我对爱的抒发亦很猛烈——要比大多数人强烈得多。对我而言，不存在淡而无味、缺乏激情的“我爱你，我不爱你呀”。当我爱时，我身体的每一个细胞都充满了爱，我会投入110%的情感，况且，我从不知道还会有其他的表达方式。有时，这种海啸般的情感会把人吓跑：它来得太迅猛，太深挚，太爽快。曾经有一段时间，我确确实实向上天祈祷过，帮助我改掉这种情感的冲动。为什么？因为当我期望值太高的时候，它会造成伤害，它会伤害那个深深投入爱的人，它会伤害付出爱，而后又失去爱的人。有很长一段时间，我的脑海里总是认为，每个人做事都像我一样。但当我经过艰难痛苦的经历后才发现，事情不总是我想的那样。

在伊利亚纳营地，我遇到了我的第一个真爱——戴夫。我以前提到的那个教会营地，当时我十二岁。第一个夏天，我们相互之间几乎没有交谈，但过后不久他给我写了一封信。我当时已经记不清他是谁了（营地里有两个戴夫），因此，我没有回信。由于某种原因，转年来营地之前，我想起了这封信，翻出这封信后，给他发了一封电子邮件。我们商量好在注册排队点会面。他告诉我他长着金色的头发和蓝色的眼睛，身高约六英尺，戴着一顶棒球帽。

我记得我排队等候的时候，瞥了一眼自己的左侧，注意到这个漂亮的家伙正从我旁边走过。我开始愣了一下，忽然意识到他完全符合那个描述。他就是戴夫！他也认出了我，转回头来走到我坐的地方。化学反应是瞬间的，我想我盯着他看的时间有点太长了。但是，我无法控制自己。他满脸堆笑，看上去是个傻头傻脑的家伙，但他是一个出众的运动员（我的第一次约会对象是个运动员）。他打篮球、网球，还参加越野跑。此外，像我一样，他是一个情痴。

第一周整整七天时间，我们都是在一起度过的。在营地里做的每一件事、每项活动、每顿饭。我们并排坐在一起做礼拜，他比我高很多，我喜欢这样。但我总觉得有点别扭和拘束，其他人都站起来的时候，我却不能，结果屏幕上的字幕我一点也看不见。有一天，他注意到了我的不自在，做出一件令我感到最最甜蜜的事情：他坐在我身旁，没有站起来。他从来不在乎别人怎么想——只在乎我是不是快乐。

仅仅几天的时间，我就被他深深地吸引了，满心欢喜地接受了他。我知道他很害羞，不敢问与我相关的事情，因此，如果我想要去哪儿买东西，我就不得不穿上大女孩短裤，只管去做！我记得我把他的一切告诉了我同一个宿舍的朋友，她建议我给他写一封信，把我所有的想法和感受都写在信里。最终，他的回信开始了我们的初恋。我失去什么了？确实如此，我给他写了一封信。我对他是100％的坦率和真诚，怎么感觉就怎么写。我告诉他，我喜欢和他在一起，并且可以坦白地告诉他当他在附近的时候，我感到很紧张。当时，我把信叠成一个小方块，在上面写上他的名字，在那天晚上交给他，然后回到我的房间去睡觉。我整宿翻来覆去，怎么也睡不着，满脑子都是这件事，他会在晚上读它，读完了进行思考，到了早晨起来后回答我。而且我知道，无论他的答复是什么，什么也不说，还是总想知道“假如……会怎么样”也许会更糟。

第二天我比谁起得都早，第一个来到淋浴间。洗完澡，我迫不及待地进入餐厅，想找到戴夫。当我看到他时，他满脸的笑容，露出整齐洁白的牙齿和迷人的酒窝。他说他不能相信我是多么诚实和勇敢，他从来没有勇气向我诉说他的感受，但结果证明，这和我做的得到了完全一样的结果。

就这样，我们开始了交往。事情再完美不过了。我们的年龄仅仅相差六个星期（我大），我们俩都快到十四岁，两家住的地方开车大约有一个多小时。营地生活结束后，我们各自的父母每个周末都要带着我们见面。我们在蒙诺教的谷仓那的一个叫丁奇的拍卖中心相见，这个地方离戴夫家大约十五分钟车程，离我家有大约一个小时。这儿有一个巨大的弧形走廊，廊道旁有椅子和长凳，我们可以在那单独待上一会儿。实际上，我们在这里分享了我们的第一个吻。我们随意地闲逛一会儿，调情和聊天，他用手臂搂着我，看着我的眼睛。

"这就是你吻我的地方。"我和他调情道。他亲吻我的那天好像是七月四日，在迪斯尼世界有盛大的烟火。我们双方的父母很快成了好朋友，他的妈妈珍妮丝成为我妈妈最好的朋友，我们两家人经常一起去旅行。保持时间最长的是"我和戴夫"，我们是那么相爱，爱上了彼此的一切。我十四岁生日时，他给我买了一枚带两颗钻石的金戒指，我被爱征服了，从那时起戴上就再没有把它摘下过。他是第一个和我在学校舞会上慢慢跳舞的人，我带着假肢，深情地看着他的眼睛。他告诉我，如果我不穿假肢该有多好，那样，他就可以用他的膝盖和我跳舞了！起初我还有些害羞。"我的天啊，你想干吗？"但是，我最终还是同意了，摘掉假肢，满足了他的要求。

转年，我和戴夫分手了。这次沉重的打击几乎摧毁了我的一切。他是我的初恋，我经历的第一次约会，他是第一个我想爱一辈子的男孩。这是一种纯真的、毫无经验和遮掩的爱，这种爱是在你没有被伤害过或对其他情侣关系厌倦之前的那种爱，这是一种你毫无隐瞒的，全身心投入的爱。我意识到我对大多数人都不再喜欢。我太年轻，但我的爱是如此强烈和发自内心，这种爱一旦消失了，也就带走了我的心。如果你问我为什么分手，我也找不到真正的原因。他总是更富有逻辑性和善于分析，他的阴柔沉稳与我的阳刚奔放形成了巨大的反差。他在中学时一直都是明星运动员，得到了所有要上的大学的奖学金，而且在毕业前他就与福特汽车公司签了一份令人羡慕的工作。

虽然我们的浪漫初恋褪色了，但是，我们依然保持了十多年非常牢固的友谊，他也很难忘记那段时光。在我的生活中永远不会再有另一个戴夫，我将永远在心中为他保留一个特别的位置，并珍藏我们在一起的所有回忆。

抓住另一次机会

与戴夫分手之后，我约会了很多的男人，其中只有两三个男生还配得上我称其为男朋友。我最后的男朋友与其他人迥然不同。我们之间有一个深深的情感联系，但我们的关系突然就结束了。这使我受到的伤害更加难以忍受，就觉得有人把我从云端用力推了下去。他是一个坚实的艺术家和虔诚的基督徒，我们在许多方面都很融洽。经过一年的热恋和相互了解，我们的关系开始崩溃了，尽管我对上天祈祷，请求它“修复”我们的关系。但是我们已不可能被修复，我能责怪谁呢？不是我，更不是我的前男友，那么就是上天。我记得我第一次说：“我很生你的气，为什么你会让这种情况发生在我身上？”我祈求你给我个解释，但没有回音。大多数女孩子与男朋友分手，很快就烟消云散了。对我来说，可就没那么轻易把它忘掉。几周过去了，几个月过去了，终于我意识到：老天没有欠我任何解释。有时他只是保护我们，我们不能不相信，我们从中学到了应该学到的东西。

一年后，我终于结束了这场恋爱，并且领悟到真正爱的含义：对我信仰的考验。我继续在爱的道路上成长，为了其他人。我视它为一种旅行，以这种相同的方式来对待我的余生。我终会到达我应该去的地方。最后，我会找到我要找的，具有我喜欢的一切品格的人。我确信我会找到的，因为我已经离他很近了。我最后的男朋友是一个基督徒，长得很帅。他身高6.3英尺，230磅，强壮又温文尔雅。他不仅有礼貌，还很浪漫，在感恩节那天，他和我的妈妈站在一起，帮她洗碗。姑娘们，这样的男人确实存在。

我的贵人

家人的朋友（戴夫的妈妈）：珍妮丝 · 海宁

我认识珍已经有十五年了。戴夫那次从教会营地回来，对我说：“我遇见了最酷的女孩。”在他那个年龄，戴夫并没有真正接触过女孩子，所以我们听到后感到很好奇。

他十分严肃地回答：“我和她比试臂力，她竟然击败了我。”可以想象当时听到这样的回答，我们是多么惊讶，这是几个令人吃惊的事情的开始。这两个十几岁的少年愿意在一起，也就把两个家庭带到了一起。莎伦，珍的母亲，我们渐渐发展为很好的朋友，我也认识了珍，并看着她长成今天这样美丽漂亮的年轻姑娘。

当然，我一切都看在眼里：十三岁，珍似乎很自信，非常开朗，她具有“事实上”的风格。我在与残疾人交往方面没有太多的经验，我从珍身上也没有学到任何相应的经验，因为她的行为从来不像残疾人。对她来说，没有什么是她做不到的。她做事考虑周全、聪明、善良、激情四溢、风趣、坦率、谦虚、体贴，是我喜欢称作朋友的那种人。

使我感到惊奇的是她接人待物的特殊方式，她用令人吃惊的故事和人接触。她有天赋而且乐观。要想了解她就去爱她，

我是这样做的。对于那些读这篇文章的人来说，如果你从来没有和珍拥抱的话，你错过了了解她的机会，因为她的拥抱和她的微笑一样令人激情涌动和愉快。

确实如此，我是一个彻头彻尾的乐天派。只要你愿意投身进去，爱就在那里，对人人平等，我深信不疑。如果你愿意以坦率、诚实和敞开心扉的心态，把你的所有底牌全摊在桌子上，你一定会找到真爱。那取舍又是什么？它会把你变成铁石心肠，拒人千里之外？永远不去冒险，因为害怕被拒绝？如果真值得拥有，那么就值得为之战斗。我一直喜欢那种被爱的感觉。我用心去爱，当有人在外面，准备而且愿意接受我付出的一切，那我付出的爱也就得到了回报。我确信，当我感到撕心裂肺的痛和心力交瘁的时候，老天会使我重新充满力量，它会指引我找到机会和人群，重新使我站立起来。

“爱”这个词似乎是老生常谈了，它肯定是百分百地被滥用了，同时也被严重低估，但绝不能怀疑它的力量。我认为马丁·路德·金博士说得好：“仇恨不能消除仇恨，只有爱才能做到。”我特别喜欢（一语双关）引用这句话，对我来说，因为爱可以拆除所有的界线、所有的壁垒以及化解所有的敌人。它可以治愈那颗封闭的，绝不向任何人或任何事物敞开的心。爱一个人也会得到爱的回报是显而易见的，但真正的性格测试来自于爱一个似乎“不可爱”的人，向他们展示善意而不能得到同样的回报，因为他们深受伤害、极度恐惧或害怕。当你用支持和同情对待这个人时，你要给他们时间领悟被接受、被尊重、被拥抱的感觉。你改变生活。

有爱

我认为，我对爱的理解来自不同的体验。我的父母教我爱是什么，不只是通过他们的言谈，而且通过他们的行动。不论我做什么或说了什么，都不能阻止他们爱我。他们可能已经失望，不得不惩罚我，但我知道这一天结束后，他们对我的爱是绝不动摇的。

对于我这样一个不惜一切代价忍住泪水的孩子来说，其实极其敏感和富有同情心。我永远不能去看《小鹿斑比》《狐狸与猎狗》或《古惑狗天师》等动画片，因为动物在那些动画片中死去，使我感到难过极了，我无法控制我的悲伤情绪。

“珍妮弗，这是卡通电影。”我的兄弟们常会嘲笑我，但我无所谓。我从精神上已经把我自己放在了斑比的位置上，不能（依然如此）看到他的妈妈死在树林里。 脑海里总是反复地去想，憋得我喘不过气来！

我的爸爸喜欢看“探索频道”播出的野生动物的故事，动物在大自然中捕猎，相互残杀，充分体现了适者生存的法则。我的兄弟们聚集在电视周围，聚精会神地观看，我却躲到别的房间去了。

我父母也是很富有同情心的，但更多的是对人，而不是山地狮和活泼的小鹿。记得有一次，事情发生在圣诞节，新闻报道了一个家中失火，房屋被烧毁的消息。我的全家都在一起看这条新闻，悲伤气氛笼罩了客厅，沉默了好久，我的妈妈发出一声极度痛苦的叹息。我们的心都飞去了那个家庭，并且是那么强烈地感受到他们的痛苦。

就是这样，我的心在布里克的家庭环境下，得到鼓励，逐渐地成长起来。我的情感不仅关注在动物的身上，还有“米奇”，我的大婴儿巨魔，它那充满活力的蓝色头发和镶嵌在它肚皮按钮上的那块宝石。米奇有满满一衣柜的衣服，我把它所有的衣服都洗得干干净净，叠得整整齐齐。我精心梳理它的头发，以免头发盖住它的眼睛。我走到哪里就把它带到哪里（否则他会感到孤独），甚至坚持要它坐在餐桌旁，成为家庭中的一员，参与讨论。我的父母没有劝阻我——他们认为这样做恰恰体现出我的爱心。他们很高兴看到我天生就有对周围的世界和所有居住的人的同情心。

直到今天，我的朋友们还会逗我：“珍，你那么身强力壮的，怎么还柔弱得像个小女人。”的确如此，我仍然为此而感到骄傲。有时候，我可以感觉到另外一个人的痛苦，十分清晰，就像是我自己的痛一样。我常常拿我意识到的某件事提醒自己，我爸爸管那叫作“穿着别人的鞋子散步”。我们的日常生活很忙，经常为了我们的工作安排和个人的议事日程奔波，很容易产生厌倦，变得自私自利或麻木不仁。同情怜悯之心是每天都要实践的，它可移山，可消除愤怒、怨恨和偏见，它还可以给你带来和平和宽恕，它播下变化的种子。新约圣经迦拉太书6:2中写道:“你们各人的重担要相互担当，如此便完成了基督的律法。”承认一个人的情感是你能为另一个灵魂做的最美丽的事情之一。真的，简言之,“我听见你的声音，看到你的经历，对不起”。治疗某人的疼痛和痛苦的第一步是活在当下。有些人认为表示同情使你变得更柔弱，这句话反过来说就对了。它使你更坚强，更聪明，让你能充分认识到所有人之间存在的那种内在的联系，不管他们是谁或他们来自何方。

感恩

感恩是另一种表达爱的方式。我不建议你出去买花和糖果送给曾经对你好的人，你可以简单地告诉他们:“我很感激，在我的人生中有你。”这里有一个恰当的例子：我的朋友考特尼·格兰特，这是他的名字，我的家人和我都称他格兰特。格兰特在2008年进入我的生活，当时我住在奥兰多。我的室友和我需要在我们公寓里再增加一位室友，他就这么住了进来。我们立即碰撞出火花。我二十岁，他十九岁。我们都刚刚开始我们的职业生涯——他是搞建模的，我在表演。只有我们这两个年轻人，不名一文的“青年”试图实现我们的梦想。我知道我总能指望上他，他是一个勤劳的工人和大活人，老天把我们聚在一起有很多原因。我能够给他爱，在他的成长过程中从未有过的爱，他给我一个坚实持久的友谊作为回报。

我记得我们一起过的第一个感恩节，我们知道我们的收入很少。我需要钱时从不喜欢告诉父母，因为我不想给他们增添负担或使他们烦恼。但是，格兰特却知道，如果我们不按常规做事，我会很沮丧。

感恩节的晚上，我下班回家，看到门上贴着一张字条，上面写着：

火鸡——$ 15

番薯——$ 5

红莓——$ 3

南瓜饼——$ 6

打开门，看到你的脸上写着——无价！

我打开门，发现格兰特把我们厨房的桌子搬到了客厅中央。灯光昏暗，蜡烛已经点燃，整个房间里充满了节日的气氛，这是为我们准备的感恩节。这是我一生中永远不会忘记的时刻，我永远不会忘记出现在感恩节那天的情景。我们表示感恩和献上感恩之心的那一刻，它简直不可能再完美了。

我搬到洛杉矶一年后，格兰特也搬到了洛杉矶，继续他的建模代理生涯。我已经为我们买了一个公寓，一切就绪，就等待他的到来。自从我们第一次见面，我们就一直身无分文，生活在一起，为了找到更好的机会，却在两个不同的州奋斗。我们一起笑过，也一起哭过，我们与我们的身体，我们的事业，我们的关系共同经历了严峻的高潮和低谷。我知道在一天结束的时候，如果我发生了什么事的话，格兰特会马上赶到那里。

我在这本书里占用了100多页向那么多帮助过我的人表达我的感激之意。其实感谢不一定那么冗长！一个简单的感谢就足够了。当你雄心勃勃时（是要付出代价的！），你就选择了一个布满荆棘的路。你想要的，你渴望的，驱使你去实现你的梦想。有抱负是件好事——它可激发你的热情和你的意志，但它并不是一切。就在此刻，马上要做的是评估你生活中的所有优点和美德，这是非常重要的。你可以在杂志上或祈祷中做到，您可以通过一个简单的电话或发送电子邮件或文本来完成。当你这样做时，你的生活和你的思维方式就会有一个瞬间的提升。当你花一定时间用来感恩时，你会觉得你更快乐，更健康，更乐观。

真挚的爱

浪漫的爱不适合心力上的弱者。问题不在于你是否受伤了，而是在于你何时受伤。事实上，科学家认为，当心碎时，我们经历情感上的痛苦感受就如同身体受伤的感受一样强烈。那么，为什么我们还要置身于此呢？因为我们是人类，因为我们渴望有人陪伴回家，可信赖，受宠爱，陪伴你一起醒来，一起分享我们最深的秘密和梦想。因为每一次失败，同时也会有所收获。人们常常告诉我，他们已经放弃了爱，而我提醒他们，上帝从灰烬中创造爱。我相信真实的、纯真的爱是可以实现的。我相信，有个人就在那里，忠诚可靠，将为我而战。他将是我的坚强卫士和靠山，我心爱的人和最好的朋友。也许我的想法很天真，但我认为爱是神奇的，它是你在这个地球上可以经历的最强大的事情之一。我们越是懂得神和他的爱，就越能爱他人。我不认为人类达到了“爱情极限”，你必须为你的人坚持不懈地去努力，充满活力。你必须有信心，这不仅是可能的，而且也一定能。

我在生活中尝试过几次重新打开上天已经关闭的门，我几乎可以听到它对我说：“珍，这家伙不适合你。停，不要让他回来。”我知道这是一个不健康的循环。但我不得不经历，来证实老天从开始就知道，以至于中间的发展和结束，即使没有发生。它爱我的一切，包括我的失败、我的错误和我的心碎。

伤心视每个人的经历而不同。有时，它就是那么一瞬间——就像是那可怕的分手瞬间。有时，它是过去和接近一生的遗憾。我的生母，卡梅里亚，经历了放弃抚养我和让别人收养我这么令人心碎的时间。这种失去的痛折磨她这么久，以至于她见到我或和我说话时，都无时无刻不在责怪自己，重新体验她生命中那段黑暗、痛苦的时期。但是像我一样，她是一个有伟大信仰的女人。慢慢地，她的心痛愈合了。我们的关系一直在延续，我帮助她重新获得她认为永远失去的东西。这是有关真正的、真挚的爱的另一个伟大创举：它将永生。

先自爱

你可以确立一个幸福的关系——友谊或浪漫——关键你首先要自爱。当你不自爱时，最终发生的是，你把所有对幸福的期望都放在另一个人身上，这是造成灾难的一个因素。人类是脆弱和不完美的。我们常常令人失望，做错事情。如果你连自己都不知道爱，你怎么能期望有人爱你呢？你以为你是谁？当你照镜子时，连你自己都讨厌镜子里的人，你怎么期望别人崇拜你和赞赏你呢？再者说，这是一个线性方程：你拿出去的东西相当于你得到的东西。要爱自己，你才会变得可爱。

当然，什么都是说起来容易，做起来难。我要解决很多身体上的问题。作为一个少女，我讨厌我又粗又笨的胳膊。在我二十岁时，我的体重比现在重二十磅，但事情还越发严重。我认为，体重增加是由于我自己的压力过大，再加上我不知道如何吃得健康。我的四个基本主食是白汁意大利面食、比萨、膨化食品和快餐。我渐渐长大成人了，丰满似乎不是问题。说实话，从我那里出来的大多数人至少要超重几磅。我们吃油炸食品和玉米面包，也很好呀！然而，一旦进入娱乐界，我意识到我的体型离完美差得太远了。每个人看起来，对我来说，就是希腊雕像：坚硬如岩石的腹肌，雕刻的手臂和肩膀，可以把你弹出四分之一英尺的臀部！

我开始和纳特训练时，每周我们碰面五天，训练两到三个小时。我开始阅读有关健康和营养的书，试图找到把食物转化为能量的方法——不能吃完了只是长肉。一天早上，我醒了，注意到我的衣服穿起来又肥又大。我减掉了15磅，这仅仅是开始。

2011年，当我在洛杉矶生活时，我与我的助理教练埃里克·弗莱斯曼开始首次训练。他的专长是形体重建，但我的情况是身体和心理同时需要转变。他提示我应该吃什么和不该吃什么：告别了面食、米饭、土豆和我最喜欢吃的上面抹上厚厚一层花生酱的全麦面包圈，还有香蕉！每天的头一顿饭改成了蛋清煎蛋卷、半罐金枪鱼和半杯切碎的蔬菜，上面盛了一匙牛油果和洋葱调味汁。我们做的大多数练习是下蹲动作——对一个没有腿的女孩来说是莫大的讽刺。我们做仰卧起坐、踢腿、负重训练和无休止的俯卧撑。我担心会把我的胳膊练得更粗壮——我总是为此经常抱怨，但埃里克承诺绝对不会，他是对的。到二十四岁时，我减掉了三十磅，我的腰围减少了五英寸，还有臀围减少了六英寸。我从来没有这么瘦过，而且有一个强壮的体魄，对我而言，这简直是不可能的。

我的贵人

最佳助理教练：埃里克·弗莱斯曼

你知道神奇的、积极的能量会使任何正常情况变得特别吗？这就是常规动作电影和詹姆斯·邦德电影的区别，这是珍·布里克拥有的闪光点。她的积极气氛是传染性的！珍可以使任何脾气暴躁的人变得高兴起来。基本上，她把任何普通的日子变成了詹姆斯·邦德的电影。

不久，我迷恋上了我的新体型，变得痴迷于瘦身。当尺码00短裤挂在我身上时，我不满意。我觉得自己被拖入一个危险的、向下旋转的黑洞。我有身体畸形恐惧症（BDD），虽然我当时还不承认。那是一种自我厌恶：你的思想被禁锢在这些消极的意识中，就像一个划伤的黑胶唱片一样反复不断地播放同一个声音。不管有多少人对我说，我看起来很好，很漂亮，很美，但我不相信，也看不见。我会在卧室里对着穿衣镜里的自己盯着看，从每一个角度审视自己，侧身站着，查看我的屁股，捏起每一寸肉。每看一眼，就会撕扯我自己。我下手毫不留情，也很残忍：噗，我的胃部怎么又长肉了？我的脸怎么又胖了？我又长膘了吗？我开始吃得更少，我的头发开始变稀，我的例假开始不规则了，我变得越发痛苦。我不再去参加聚会或去餐馆跟人见面，因为我不想被食物诱惑。相反，我会到咖啡店和他们见面，我可以点一杯茶。

我的朋友格兰特最后叫我坐下来，和我进行了一次严肃而刻薄的谈话。“珍，你瘦过头了。”他说，“你丢掉了你的屁股，你失去了你的乳房，你的眼窝都凹陷了！你自己都做了什么？你必须停下来！”

我的自卫防范使我很愤怒。“你在跟我开玩笑吗？你知道我花了多大的气力才减成这个样子吗？”我有好几天不和他说话，直到我自己意识到，他说的100%正确。我已进入不健康状态，更糟糕的是，我自己创造的这种虚假的体型绝非完美，它偷走了我的光明和欢乐。我很久不是一个完整的珍了，我不知道如何让她回来。到目前为止，我彻底失败了，我不知道我会怎样重新站起来。我不断地祈祷，请求上天帮助我回归正路。

我从肯定自我开始。我告诉自己：“你不胖，在上帝的眼中你很美。”我要让这些话融入血液。最后，我挑战自己，决不照镜子，不看我的身体，坚持了四十天。我把卧室里的穿衣镜用我喜欢的照片遮盖起来：那些我做体操的照片，朋友和家人的照片，家和有关我在杂志上的文章的照片。突然，镜子不再对我指指点点，而成为所有上帝恩赐的象征。这个巨大的拼贴图板不禁使我想起过去喜欢和爱的东西，我要感谢载有我灵魂的身体。我再不会让很多垃圾食品越过我嘴唇这道防线，我仍然要努力工作，不要为了一个特定的模式而惩罚自己。我花费了很长的时间想摆脱那迂腐陈旧的观念，此时，我提醒自己，必须注意，要找到一个确定的方式。

我看起来可能从来就不像其他人，那正好，我有点喜欢鹤立鸡群。

要信！

白马王子

我在约会中犯了许多错误，现在才认识到我所做的没起一点好作用。我所想象的男人是一个完美的、值得信赖的人，还要诚实、可靠、有礼貌，而不是书本里的人。他具有幽默感和冒险精神。他不耍心计，对我要尊重。他其实就在那里。我一直在说我的余生将会是单身的，但我心里明白我不会。我父母在这方面给了我一个强有力的忠告（从那以后，他们就撒手不管了）：保证你选择的是一个能和你坐下来聊天的人，因为你退休以后，这就是你每天所做的事！他们应该深知这些，他们结婚四十三年了。爱不仅仅是瞬间的冲动（虽然这是其中的一部分），它还有更深层的含义。它不仅需要化学反应，而且还需要沟通和联系。我相信有灵魂伴侣，我坚定地相信，神会赐予我一个。

C H A P T E R　T E N

第十章

平凡的英雄

我最喜欢的圣经故事是大卫与哥利亚战斗的故事，原因可能是这个故事讲述了弱小的大卫（我完全可以感受到）站出来对抗哥利亚这个巨人，而且击败了他。我无法想象大卫当时面对如此魁梧、训练有素又经验丰富的战士有多么恐惧。大卫既不像哥利亚那么高大，也不像哥利亚那么战技娴熟，如果当时有人下注的话，我敢保证绝不会有人把赌注押在他身上。

那么什么使大卫如此无畏？又是什么使他充满勇气，面对几无胜算、极其凶猛的对手呢？是信仰。他知道是神召唤他去打败这个凶残的斗士的，他是为信仰而战。我喜欢这个故事，因为它与现实生活十分贴近。在现实生活中，我们所有人都会面对自己的“哥利亚”。他们可能不是威猛的斗士，可能不是人，而是某种情况或环境。我发现，每当我自己与这些状况战斗时，每当我气馁或丧失勇气的时候，我就会激励自己，一切都是可能的。

这个故事也使我想到，任何人都能成为英雄。你不必出生在这样一个家庭里，你也不必拥有地位、金钱或接受贵族式教育。人人都有自己对英雄的理解和定义。我喜欢《星球大战》里的超级英雄，但紧身裤和斗篷对展现英雄的品质没什么必要。在我看来，我所崇拜、仰望、尊重和敬畏的英雄就是人，是那些在那一刻做出无私奉献的、令人称赞的、真心实意事情的人。他们不厌其烦，不畏人言世俗，影响着人们的生活或整个世界。

写到这里，我想到，这个描述用在我父母身上丝毫不差，但他们谁都不会承认。这是英雄的另一个品德：谦虚。我妈妈会告诉你，我带给她的福气远比她给我的要多。而我爸爸呢？他会耸耸肩膀不经心地答道“没什么大不了的”，而这对我来说，可是非常重要的事情！当我想到父母为了让我得到快乐、健康、自信和安全做了那么多时，我却不知道我怎么做才能报答他们为我的付出。虽然我没有答案，但我会尽力去做。在我为人父母的时候，我一定会以他们为榜样去做的。

我的家里充满了英雄。当我哥哥布莱恩进入海军服役时，他就成了我眼中的英雄。我们到驻扎在弗吉尼亚的船上访问他时，我大约十岁。在我记忆中，因为当时我还很小，我一直坚持叫布莱恩“布巴”，而其他任何人敢这样称呼他，他都会大发雷霆。因为这是我对他的昵称，仅仅是我和哥哥两个人的特权！布巴会为我而战，不需要我请求，过去他一直是这样的。一次，我们全家人在山姆俱乐部购物，有一个家伙走过来挑衅："带着一个残废在公共场合招摇。"布巴一个箭步冲过去，回敬了那家伙几句，我的父母赶紧上前劝阻住布巴。

我的朋友格兰特也愿意为我而战。我刚搬到洛杉矶时，很难找到工作。我懂！我和大家不一样！我喜欢与人交谈，而且是一个高效率的工人，但是究竟为什么我在九个月里就没找到一份工作呢？我生活在佛罗里达州时，就没有任何麻烦，而在洛杉矶，我开始发现情况在转变，我得到了面试的机会，一切似乎进展顺利，随后却石沉大海。他们聘用了别人，抛弃了我。

我问格兰特，他是否想过这是因为人们害怕雇佣坐在轮椅上的人。我们两个谁都不相信这是问题所在，这是彻头彻尾的歧视。后来有一天，我给一个正在招人的商店打电话，电话里的人告诉我直接过去。"你听上去就是我们要找的人！"他热情地对我说。

等我到了商店，那个人看了我一眼，停顿了下来。我知道那停顿的含义，我明白那个眼神的意思，然后他费力地说："嗯，我去后面拿张纸再回来。"我说"好"，然后我待在那里，等啊等……我环顾四周，看见所有员工都在看我，其中一个女员工摇了摇头说："我很抱歉。"我马上明白发生了什么，他不会回来了，他甚至都不打算给我提出申请的机会。

当时，我的头“轰”的一下，我受到了沉重的打击，猛然冲出了商店，我还从未受过这样难堪的接待。格兰特一直在商店外面等着我，当我告诉他发生了什么时，他立刻气得涨红了脸。

“等等！”我抓住他的手臂说，“站住！不要这样！”

但是为时已晚——什么也无法阻止他。“我要进去。”他吼道，“你要么待在这里，要么跟我一起进去。”当然，我还是跟他进去了。我担心他可能会做什么，那是我最不愿看到的场面。格兰特要找那个店员，最后，他终于出来了。他们在商店的中间开始激烈地争吵，我则夹在二人中间试图劝解。我不能相信，这个店员不是为他的无理道歉，而是争辩！令人惊讶的是，其他员工看到发生的一切，也加入进来，不是支持他们的那个员工，而是站在我这一边。

大约过去有一个月的时间吧，格兰特竟然被那个商店雇用了（猜猜看），并且获悉那次事件后，当事的那个职员已被解雇了！我这里仅希望他能从中学到些正能量的东西，从那次事件中汲取教训，并且希望他下一次会做出不同的反应。随着我的年龄的增长，我学会了控制自己的脾气。我绝不想成为脾气很坏或无理取闹的人。我觉得，仅仅重复那些陈词滥调，说什么残疾人的问题在政治上过于正确、困难、敏感、难以解决。我有更好的方法，可以跨过这个问题。但我必须承认，那天有格兰特在那里保护我、支持我，对我来说是件好事。我从来不必担心——我的朋友做我的后盾。

我的贵人们

我的朋友科迪·克雷格

那是2003年的夏天。我在乡村集市上看到一个非常可爱的女孩，没有双腿（啊，听起来有些乡巴佬气息）。我决定上前打个招呼，心中忐忑她会有何反应，她的确反应强烈。我们立刻成了好朋友，很快就成为亲密的朋友。三年后，我带珍去参加她的高中毕业舞会。这是我第一次见到她戴上假肢，她父亲给我讲解了摘下假肢的方法，使她能坐在我的车里。为了解释清楚，他不得不钻到她的裙子下面。尽管那里根本没有膝关节，实际上就是大腿的肌肉。当他向我解释摘下膝关节连接的时候，他十分严肃地对我说："我只允许你到此为止。"

2012年冬季，我看到珍在"脸书"上发帖说，她正在寻找合租的室友，决定收拾行李搬到加利福尼亚去。那是我和她在一起生活的最美好的经历。她喜欢吃果酱馅饼，但这不属于她的健康的生活方式，所以我只好在我吃果酱馅饼而她又在旁边的时候分给她一块。由于她总是与新人会面，所以她很容易结交到新朋友。有一次，她自己一人去一个教会社区团体参加活动，当时需要上楼梯。她爬上楼梯，身后还拖着轮椅。在公园散步时，她常戴着一个滑稽的老太太帽，不过看起来依然让人觉得很可爱。

她是一个极其善谈的人，尽管如此，说来奇怪，在我们一起穿越乡村的途中，这种事情不止一次地发生，我们经常天南海北地神聊，以至从未听过收音机广播。她睡觉时必戴眼罩，像一只吸血蝙蝠一样平躺在那里。她几乎每天早上都先于我起床，从我的空气床垫后面把我的iPad拿走去看电视或浏览网页。虽然她尽力轻手轻脚，但每次都把我吵醒。

珍是我在世界上最佩服的人之一。

不是所有的英雄都“高大上”。有些是我们从不知晓，甚至没注意到的、安静的隐形冠军。他们非常谦逊，从不引人注目，也绝不自我吹嘘。他们无需在广告牌上大肆宣传或通过互联网来渲染传播。很多人把时间、金钱和爱奉献给那些不幸的人，从来不图回报，即使是一声感谢。这些人是我的英雄，他们改变了游戏规则，也改变了人生。其他人亦是英雄，因为他们真实地过着自己的生活，从不伪装。他们永远不会改变或隐瞒自己的面目，永远不会改变或隐瞒自己喜欢时尚抑或满足现状。他们表明自己的真实想法，并且鼓励他人也同样如此。

2010年年初，我第一次去奥兰多的“现实生活”教会时，他们给我介绍了弗朗西斯·尚的作品。社团的教友一起朗读了他写的《疯狂的爱》。弗朗西斯是一位了不起的奉献者。他是牧师，畅销书作家，还是永恒圣经学院的创始人和校长。他拿出自己90%的收入作为捐赠，在教会不拿酬金，还将自己写书的大部分稿费捐赠给慈善机构。每周，社团的教友都详细阅读不同的章节，认真思考其精髓，探讨它与我们每个人生活之间的共鸣。然后，我们观看弗朗西斯的视频讲座，更加深入地学习领会。这本书开阔了我的思路，让我懂得了把自己宣扬的道真正付诸实践的方法。弗朗西斯是我心目中的英雄，因为他指出了一条真实的生活之路。他的生命为神而燃烧，他的热情激发了我内心的信念。他的诚实和忠恳对我来说是绝对的英雄行为，他就是我一直在寻找想亲身遇见的人，我会彻底被征服的。

另一位我个人的英雄是尼克·武伊契奇，他出生在澳大利亚，是一位激励性的演讲者。他生下来就是短肢畸形患者，这是一种罕见的疾病，导致他一出生就没有了四肢。他在成长过程中奋力抗争，克服了身体和精神上的障碍。2014年9月，我接了一个马上就要挂断的电话，有幸参加了得克萨斯州达拉斯市的一个隆重的慈善活动。同一天晚上，我乘机前往达拉斯，活动组织者邀请了与会者中的二十多位参会者在酒店举行晚宴。我记得那是一条很长的餐桌，我乘着轮椅一直滑到餐桌中部，以腾出让其他人进来的空间。有一个人紧跟着滑了进来，停在了我旁边，自我介绍说是雷蒙德·金，尼克的律师。

我们开始聊天，他说："这完全是注定要发生的。这是'上帝的旨意'，你和尼克命里注定要相遇。"当时我真的对尼克了解不是很多，仅是听说过他。多亏遇到雷蒙德，几个星期后，尼克邀请我担任他的演讲嘉宾，参加他在贝弗利希尔顿酒店的演讲。我进入酒店时，他正坐在大堂的沙发上，沉浸在这次演讲之前的宁静中。我羡慕他的镇静！

就在这宁静的时刻，我遇到了尼克，他很有亲和力，和善、热情，是一个尽善尽美的家伙。我们之间的交流非常自然，彼此在多个层次上彼此了解。然后，他进入了巨大的会场，把我介绍给与会者，我简直不敢相信。我感到谦卑和荣幸，他会在讲话时间里提到我！这是归他支配的一天，他风光的时刻，而他想与他人一起分享。这就是尼克——无私的善良、慷慨伴随着他的生活、时间和智慧。从那一刻起，我们就建立起了深厚的友谊，他甚至仁慈地为这本书写序。他是一个非凡的人，而我现在可以自豪地称之为朋友。

内在英雄

有时你必须是你自己的英雄。我的意思是，你必须为自己的信仰和自己想要的结果而战斗。不要期盼会有一个武士身披亮甲来帮你。

我个人的另一位英雄玛雅·安杰卢曾说："成功是你自己有

喜欢的东西，喜欢你所做的事情，喜欢你做事情的方式。”如果你不喜欢生活中的某种东西，那就改变它。如果有些事情阻碍你前进，那就去战胜它。如果你不快乐，就想办法唤回自己的快乐。相信我的话，否则，超人和蜘蛛侠就有可能被控制。要明白你的生活是属于你自己的，这是神赐予你的礼物。你要对你的选择负责，不论是好是坏。这一切的的确确都由你自己把握。你选择自己的行为，选择如何掌控结果。如果你被困住了，你就要靠自己的力量摆脱困境。在你使用“不能”这个词之前，想想我对它的感受！你能够，你应该而且你必须靠自己尽可能赢得最幸福最充实的生活。依赖他人是否更容易将你在生活中出现的错误或缺失的责任推卸给他们？的确如此。是否更容易找借口，更容易抱怨？绝对是这样。但所有这些都是借口，都是站不住脚的，你必须为自己生活的所作所为负责。你会成为你希望成为的样子，还是退而求其次呢？

要信！

人人平等

搬到洛杉矶之前，我从未见过一个无家可归的人。我在街上从他们身边经过，从来不提供食物或金钱，而往往会把目光转开。我认为（和很多人做法一样）他们是瘾君子或酒鬼，不值得我浪费时间关注。搬到洛杉矶以后，我优先选择到洛杉矶最危险的贫民窟做志愿者。我给无家可归的人送去食物，知道了他们的名字，他们的个人背景以及故事。我现在明白了，每个人都是一些不良决策的产物，都想摆脱无家可归的厄运——它可以是你，它也可以是我。当我在街上看到乞丐时，我不仅给他们钱，还把他们当人来对待。我不时提醒自己，不要太快或太苛刻地下结论。他们所做的是他们与神之间的事情，我如何做是我与神之间的事情。记住，每个人都在战斗，无论他人是否能够看到。做人要善良、大度、谦逊。人人平等，每个人都应该得到爱和尊重。

C H A P T E R E L E V E N

第十一章

无尽的可能性

所有可爱的恶作剧和每一次胜利都是我奋斗的结果。如果有事让我感到不自在，那就是我要去做的信号。舒适易得，舒适无恙。如果我经历的生活只是安逸和舒适，我就永远找不到自我表现的机会，也就无从认识这个世界。我的生活会单调乏味，也就无从尝试潜水运动！

显然，如果你有腿，潜水并非难事。潜水前要进行一些潜水方面的训练。首先，你必须坐到水池的底部，完成一系列“练习”，坐在八英尺深的水中还能承受，因为你知道如果感到害怕，一跃而起，就能冲出水面。但是，当你进入高级训练时，你必须坐到海底（水更深！），你不可能一下就弹跃到水面（如果你还想保持鼓膜完好的话）。想象中，这样做的难度对我来说也不会太大。我很强壮，我认为，即使没有腿，我也能很容易地划回水面。

但是，到了实际练习时间，我利落地从嘴里取出气流调节器（供氧装置）。我背着比我还大的氧气瓶在水里游泳感觉也不错，然后我深深地潜入水下。这时，令我完全没有想到的事情发生了，使我感到恐惧，让我的心跳加速和惊慌失措，我的潜水面罩里充满了水。我极力想用我的鼻子呼吸，但当你的面罩充满水时，你是不能用鼻子呼吸的。

我第一次在水池底部训练时尝试过用鼻子呼吸，结果瞬间就缴械了，我感到窒息难忍。我吓坏了，直接喷射出水面，大口地呼吸。当我进入高级训练时，我必须在海底做相同的练习。正如我说的，当你下潜到三十英尺时，你想直接回到水面进行呼吸并非易事。这时，我别无选择，只能克服恐惧。我在心里提醒自己，你一定行，珍。水封住了你的鼻子，所以不再想用鼻子呼吸，专心致志地用嘴和气流调节器呼吸。你已掌握了这个技巧，你曾经训练过，做得很好。你会没事的，只要你保持这种呼吸方式，就不会有事；如果你害怕了，那就会出问题。

我让水涌进面罩，大脑尽力说服我摆脱恐慌，静静地坐在那里停顿片刻。我不再去想战胜我的恐惧，而是随它去吧。就让恐惧伴随左右，直到我不再害怕。

我就是这样在生活中处理使我感到恐惧的事情。我与它同在，和平相处。对我来说，最可怕的是自鸣得意的时候。如果你习惯了生活环境，毫无变化，你将如何成长或成熟呢？我在奥兰多过得很舒适。当纳特建议我们搬到洛杉矶时，我被面罩进水的感觉蜇了一下。我在那里认识的人不多，甚至没有一个教会可去，我更不清楚我们这种人在那里如何正常生活。我开始搬家。

大多数时间，我觉得我是自己生活的旁观者，观看这个疯狂的节目结束，或是全神贯注，时间紧张地坐在过山车的前座上，然而，我不知道它什么时候加速，头朝下翻转，螺旋式翻滚，或者来一个刺耳的刹车。这就是信心所在。有时的确令人感到恐惧，但是，老天从来没有令我失望，也不会在不久的任何时刻开始。

我有一个庞大的愿望清单，里面容纳了我想做的事情，想看的地方和想完成的任务，我不断地增加它的内容，从来没有想过“做完”它。我从不想去一个让我感到窒息、无聊或无所事事的地方。我认为每天都有机会学到新东西，向前发展——哪怕是前进一英寸也好。现在，我决定把我的西班牙语提高到流利的程度，立刻涌出一种冲动和渴望，把所有事物用西班牙语表达。我喜欢锻炼身体就像喜欢锻炼大脑一样，停止锻炼任何一个，就等于失去了动力。

写这本书对我来说是一个巨大的、新的挑战。我不知道从哪里开始或如何开始，或将我带到何处。每次在我动笔之前，我都祈祷，祈求上天赐予我要表达的语言。我感觉到他在字里行间的存在。我怀疑我能学到多少写作和出版的知识，但不清楚在写作过程中会加深对自己的了解。没有人告诉你写什么，这有点像治疗。你必须深入挖掘推敲，100%坦诚，不仅是对待你的读者，而且也是对待你自己。现在我做到了，我想做得更多。我觉得我有更多的故事要写，每天发生在我身上的事，以及对我产生极大影响的事。当人们问起我在做什么，我有一长串的答案：运动员、演员、作家、演说家等。我希望有一天还要加上跳伞运动员的简历，还要添什么只有上帝知道！

选择是你自己做出的

每天我们都会做出自己的计划，比如，你会选择幸福（因为我的确认为幸福是一种选择）或悲伤？你会选择专注于能或不能？你会选择乐观或悲观？鼓舞人心的还是令人沮丧的？诸如此类的还可以列举很多。到目前为止，在短时间内我学到的是，我们做出很小的选择，微不足道的、平凡的、毫不起眼的选择则可能成为巨大的目标。我不是每次起床时就在状态，也不会自动迸发出灵感。每天清晨，我要从阅读圣经和祈祷开始，这使我集中思想，直视远方，准备好应对充满选择的一天。随着一天的不断展开，我会调整我自己进入佳境，还是我将成为所处的或恐惧或焦虑的情况的受害者？老天给我们最伟大的礼物之一是自由选择，做出自己决定的能力。否则，就会如我的母亲常说的——“自作自受”，这句名言很容易帮助我找到正确的选择。

我谈了很多有关什么是“可能的”，我给你一个非常简单的答案：你的任何想法、感觉、梦想或臆想。为什么不呢？什么阻止了你？如果有可能去做的事，那么所需要的只是一个计划而已。若你必须要来点创意的话，那就去试试吧。我把旱冰鞋穿在我的手上！我认为“可能”像天空一样广阔，像海洋一样浩瀚。就我而论，有些想法是愚蠢和无聊的（一个女孩子可以有梦想，不对吗？），可是另外一些想法就更为严肃和有意义。关键是这个愿望清单要不断地扩展，而且我绝不会停止增添新的愿望。

我的贵人

我的爸爸：杰拉德 · 布里克

我记得珍是一个很弱小的女孩子。我们曾经在沙洲上钓鱼，我转过身来，看见她来回扭动她的小屁股，深深地插入沙子里，把她自己埋在坑里。她在干什么？我看了好一会儿才发现她钓到一条大鱼，向后仰着，用力收着线。我开始大笑，她对我十分恼火。“有什么好笑的？”她质问道。我说：“没什么。”看着她把鱼拉了上来。她不需要我的帮助，从来都不需要。对她而言，没有太快、太大或太难的事情。我有一辆三轮车，速度很快，她与她的朋友坐在车上。我所能做的只是用一只手控制，她却像闪电一样飞走了。冬天她玩滑雪板，只用双手抓住滑雪板，将自己冲下山去。其中有一件事（所有事中）就是她尽力去够房子里的电灯开关，她会抓起所有的东西，高高举起去够开关。所以我从旧的百叶窗那里安装上棍子，这样，她就可以推拉这些木棍，打开电灯。我们总是告诉她："你可以做任何你想做的事。"我们只是想安顿她，让她走开。

我的愿望清单……马上！

◇ 我想要一间有高天花板的房子，在里面可以安装一个蹦床和空中绳索，这样我可以在家里表演和训练。我喜欢在这个空间里装满高空杂技健身房的设备，其他表演者也可以有一个自由的、有创意的和富有艺术感的地方来训练。

◇ 我有一个计划，很想在家乡创立一个表演艺术奖学金，同时为社区提供一个保健和营养规划。

◇ 我想在我的后院挂上一个电影屏幕，院内设有火坑、躺椅和枕头，这样我的客人和我可以边休息边欣赏户外电影。将白色的闪烁灯串起来挂在树上，营造一种美轮美奂的感觉。我肯定还需要一个热水浴缸和几个吊床。只是说……

◇ 我想和凯利·安德伍德、乔什·葛洛班或塞丽娜·迪奥一起表演。他们会唱歌，我会做线上解说。这需要有多坚强的意志？我也喜欢在奥运会的开幕式上表演或在美国橄榄球超级杯大赛中场休息的演出上出现，而且观众越多越好。

◇ 我想有自己的脱口秀节目或和搭档主持一个节目或在情景喜剧中扮演我自己，有点像《宋飞正传》！我认为通过艺术的方式鼓舞和影响公众是最好的方法之一。你可以在旅途中享受快乐。

◇ 我想边旅行边演出，吃遍意大利的美食，然后航海到希腊群岛！

◇ 在我的一生中，我想乘飞机旅行一个月，漫游欧洲，吸取欧洲的文化，品尝欧洲的美食，以及拜访朋友。我想和全家——兄弟、姐妹、妈妈和爸爸一起去度假。

◇ 我想与一个管弦乐队一起演出，而且是在一个巨大的基督教音乐会/活动/聚会，比如在像“催化剂”或“丰收布道事工”或鞍背教堂（华理克牧师的教堂）或敬拜团音乐会上演出。

◇ 我想在阿黛尔唱歌时，我在丝绸带上表演。

◇ 我想在白宫嘲弄总统和第一夫人，还要在吉米·法伦的午夜脱口秀节目中表演，我的父母（他们是吉米·法伦的粉丝）在台下的观众席上观看。

◇ 我期待有一天看到一部关于我的生活电影。我知道，主想用他赐予我的生活故事感化许许多多的人。

◇ 我想出现在泰勒·派瑞的其中一部电影中。

◇ 我想见到加斯·布鲁克斯、奥普拉、伊娃·门德斯、乔治·福尔曼和史蒂文·西格尔，并且和他们每个人边喝茶边聊地愉快长谈。乔治和史蒂文：我同意同时来一场臂力较量！

◇ 我想成为一个火辣的妻子、妈妈和奶奶。我希望我的健康和营养始终是最棒的。我想永远保持在跳摇滚时的形体，为自己和我的丈夫保持火焰般的状态进入我的流金岁月！

◇ 我想出现在身材、体型或女性健康杂志的封面上，并具有艺术家气质、美丽地传播于时尚、迷人或名利场间，也许我会成为下一个封面女郎。我想改变人们对美的看法。

◇ 我想与安德玛（美国著名体育运动装备品牌）合作，并且用激励世界的积极的消息/图像来打破互联网的垄断。

◇ 我想对尽可能超过百万人说出我的心声。我想成为生活在圈外的一个干干净净、意志坚强的生活和思维的催化剂（跳出这个生活圈子）。

◇ 我想写一本儿童读物（《超人珍！》），并鼓励孩子们要像我年轻时一样喜欢阅读。

◇ 最重要的是，我希望我每天都在成长，变得更强，更有意义。我希望我的信仰是不可动摇的！

要信！

创建自己平静的心灵

显然，我很难放慢速度。结果，我几乎没有时间放松，关闭我的大脑，就这样随它吧。我似乎能够做到这一点的地方是在空中。无论我是在执行我的空中计划还是在天上飞行，只要在空中飞行，我就踏实。这是一个奇怪的现象！我也学会了使唤我的感官。通过这个，我的意识注意到这件事情是什么气味、声音、感觉和体验。试试看，放慢呼吸，实实在在地注意你的身体在做什么。你不必总是处在自动驾驶的状态，相反，去感觉你的心跳，空气进出你的肺。存在于现在时刻，让自己真正体验你在哪里，你在做什么。这听起来非常平淡无奇，但实际上，我们很少有人在我们活着的日子里这样做。我知道，当我这样做时，出现在脑海里的东西是多么令人吃惊，我力求在此时此刻保持清醒并思考。

C H A P T E R T W E L V E

第十二章

不为人知的我

问题、答案和花边新闻

在我开始写这本书时，我说过，我会完完全全、100%诚实，而且我说话算数。即使我最亲密的朋友和家人都不完全了解我的所有侧面。他们不可能完全了解，除非他们是我肚里的蛔虫。我希望我把一切都写在了这些页面上，其完整程度已为你提供了小小的洞察力。我是“正常的”，同时又是不正常的，但谁又不是呢？也许这可以回答其余的问题！

我生命中的一天

在洛杉矶安家时，我大约在早上6:00或7:00醒来，走进厨房，准备好热腾腾的绿茶，就着撒上桂皮的葡萄柚和苹果喝茶。然后走进自己的房间，打开圣经开始阅读。一段时间以前，我开始每天发送圣经经文，但不记得开始这么做的动机或原因了。

我发现我发送人们当天需要的精确经文的方式很令人惊奇和谦卑。总有人会回复我："谢谢！这正是我现在需要听到的！"而我总是回答："不要感谢我，这是应该的。"

每天祷告之后，我做早餐，通常是鸡蛋或蛋清，外加炒蔬菜、大蒜、香料和鳄梨。然后穿个健身服，开车去健身房，我的第二个家。我喜欢去那里，觉得那个环境令人振奋。我们一般进行小组训练，通常大约四个人一组。埃里克不是那种典型的新兵训练营里大喊大叫的教练。他长相像尊雷神，而行动却像一只泰迪熊。他一边拍着手让我们保持练习节奏，一边礼貌地计数。

离开健身房后，我回家淋浴，吃点心，做午饭，把一切准备好，然后通常出去办事。根据旅行安排的疯狂程度，我可能挤出三十分钟睡午觉。如果有拍摄、露面或表演任务需要做准备，我可能一天锻炼两次，第二次锻炼的时间大约是下午1:00或2:00。我每两三个小时少量进食一次，并且保持严格的食物宵禁：晚上7:00之后不进食。我保持充足的水分，每天喝两次绿茶，晚上喝咖啡因薄荷或生姜茶。

如果有空，我会在我最喜欢的当地咖啡馆消磨大量时光。事实上，我这本书的大部分是在一个小地方写的。那是一个法国风格的咖啡馆，附近有一个小礼品店，这家咖啡馆给人以家庭般的感觉，有着户外座位、大伞和宁静的喷泉。你会发现我总是坐在外面，除非室外温度达到了一百度。咖啡馆供应有机茶和素食甜点，工作人员都认识我，也了解我要点什么：“茉莉花绿茶，像往常一样？”

我另一个内疚的娱乐方式是和格兰特去看电影。如果正在播放超级英雄或动作片，我们就会去看。一谈起电影，我就成了老大。我最喜欢的是与托马斯·简一起看《复仇者》，这部电影讲的是根据漫威漫画虚构的反英雄形象守护者。

晚上，我在18:00至18:30之间做晚饭吃晚饭，总是以喝茶来结束我的夜晚时光。我通常每天都好几次吃同样的食物：鸡蛋和炒蔬菜。我还会买发芽的颗粒包裹，把它们撕成小三角形，放在烤盘上，喷上点EVOO，洒在洋葱或大蒜盐上。然后在烤箱里烤10分钟，搞定！完美！不含面粉、酵母和玉米的健康“薯片”！我喜欢每餐吃两三个。我力争最后一餐进食最少，你知道这个谚语：“早吃好，午吃饱，晚吃少。”埃里克当然教过我！我吃得非常健康，但我的确有一个弱点：我太喜欢吃甘薯条了！

我喜欢通过看电视节目放松自己，我会从我在印尼的胡卢错过的那一周的电视节目看起。我喜欢的节目有《从前》《丑闻》《如何逃脱谋杀》《中间之道》和《犯罪心理》。多亏了我的野性生活，我才得以做客《犯罪心理》节目，见到了那么棒的演员和剧组人员。我受到了热情的欢迎，人们用大量开放式的怀抱和极大的爱心接待了我，乔·曼特纳甚至成了我的粉丝，这令我很开心！我试着限制观看新节目的数量，因为我太忙了，没法跟上所有节目！但我最终在几个月前陷落了，观看了《权力的游戏》，现在我上瘾了，我在一个月内连续看了整整四季！

我尽量在晚上22:00到22:30之间上床睡觉。埃里克还教导我，在让身体休息的问题上，午夜前几小时的价值是之后几小时的两倍！早早（午夜之前）睡觉，七至八个小时连续不间断的睡眠时间是非常重要的。

我尽量在上床睡觉之前三十分钟就离开计算机，放下手机（好的时候提前一个小时），让大脑可以离开工作模式而放松下来，阅读使我快速入睡。我的前室友科迪给我起了个外号叫“小罗马尼亚吸血鬼”，因为我脸朝上睡（我训练自己这样做），连一块肌肉也不移动，呼吸极其轻柔，看起来就像没有呼吸一样！我晚上开着两台电扇，我喜欢寒冷、黑暗、安静，电扇旋转的声音对我有催眠作用。

你怎样行走?

人们最想知道的事情是我怎样走路。好吧，我把双手放在面前的地上，把身体支起来一点，朝前拖。我手掌上的皮肤长满了厚厚的老茧，形状就像你们脚后跟上的球状物一样。我的双手一直比大多数女孩的粗大、强壮，我一直对此感到不安。

我是这样认为的，因为我用它们的时候太多了，但事实证明，它们的大小实际上是我的DNA造成的：我生母就有“一双男人的手”！用双手走路绝对需要很多上半身的力量，我甚至低估了中学时期这需要花多少力气，每天一整天要多次上下楼梯，支撑起全身，每一步都要向上推进。学校建于1912年，有四层楼，没有电梯！离开中学后，我体重增加了，我相信这是因为我不再不断地用双臂上下楼梯，不再不停地接受那么艰苦的锻炼了！

用双手走路很少疼痛，即使走在粗糙的路面或砾石上也没什么感觉。我知道在这些路面上如何尽量不把那么多的压力加在双手上。大约九岁的时候，我确实把双手放在了我们院里的一只蜜蜂身上（哎哟！），这件事弄得我有点疑神疑鬼的，实在太疼了，我又哭又叫的。我总在留神提防蜜蜂和草地上的狗屎，任何时候如果有人在我们家的房子里打碎了玻璃，我父母就会跪着像疯了一样检查地板。不过需要指出的是：我从来没有因为哥哥们打翻的东西割伤过双手。我总是很注意自己该朝哪里“迈步”。

从腰部以上看，我看起来跟其他人没有两样。人家告诉我，我穿着比基尼看起来非常漂亮，非常感谢你们！

我的身体比例匀称，只是看起来好像停在了我的大腿上。

深刻的想法，深刻的感觉

我是个大思想家，我一直在分析。他为什么这么说？为什么她那样做？为什么洛杉矶总会有交通堵塞？我的航班延迟三个小时是打算让我学习什么？生命的意义是什么？好吧，也许我过分了。

我总是在意外的背后寻找更大的场景或原因。我喜欢研究人，喜欢弄清楚他们的动机。很多生活把点串联在一起，所以你可以循着路径知道它应该把你带到哪里去。重要的是后退一步评估事情：你曾经在哪里，你现在在哪里，你打算去哪里？

我迷失在一本巨著《圣经》的字里行间，又被我生动的想象带到了远方。我很多愁善感，我恋旧。我仍然戴着猫眼石戒指，那是格兰特送给我的二十一岁生日礼物，当时我们住在奥兰多。我有成盒成盒的照片，我总是拍更多照片，用极其挑剔的眼睛审视它们。例如，我喜欢盯着照片里我生母卡梅丽娅的双手看，那双手和我的双手一样，既强壮又柔软。

一笑置之

我很搞笑，不，真的，我有一种邪恶的幽默感。如果吉米（基梅尔或法伦）哄骗我，我会成为他们最喜欢的客人。我自我吹捧，我认为这是一种伟大的天赋。你在笑的时候，很难生某人的气，毕竟，笑是最好的解药。我几乎在每一种情况下都寻找幽默感，即使情况糟糕透顶的时候。我想，如果你能自嘲、嘲笑自己的缺点（双关意）、嘲笑自己的错误，那你就可以战胜一切。

细节，细节

在承受压力的时候，我想把一切整理得井井有条，打成干净漂亮的小包。你可以说我近乎痴迷——强迫自己把所有注意力转移到细节上。我过去常因为假设自己的DVD没有完美排队、假设其中一个基因被推远而乐不可支。我已经放松一些了，但我的确喜欢秩序。给我一份清单，给我规定一个截止日期，告诉我需要做什么，我就会去做。只是不要让我闲着！我的头脑会向成百万个不同的方向跳跃，这会加重我的焦虑。我宁愿知道事情的实际情况，即使会使我有压力，都比粉饰事实好得多。我宁愿去解决这个问题，朝着解决方案努力，而不是充当无奈的旁观者。把好东西打进小包里，人，我是一个成年人。我可能比大多数二十多岁的成年人更成熟，因为我有着“苍老的灵魂”。我也已经踏遍了世界各地，经历了大多数人一生从来没有经历过的事情。

超级珍！

我是一个不那么正常的“正常”人。我不是有超人般力量（不管在身体上还是精神上）的超级英雄。如果有人会对我印象深刻，我宁愿是因为我做了令人印象深刻的事情，而不仅仅是因为我快乐而且身体强壮。男人们，特别是那些身穿皮革上衣、肱二头肌荡漾型的家伙们，倾向于在拥挤的地方接近我，告诉我是我激励了他们。让我再说一遍：我激励了他们？让男人以这种方式对我畅所欲言是个多么谦卑而有趣的体验啊。我认为这实在美得惊人！

是啊，我可以用手爬一趟楼梯，不流一滴汗水。是的，我可以把自己的轮椅拖进汽车后备箱里，这东西重达一吨。但咱们还是面对实现吧：我不是超级珍（虽然周围确有一圈美丽的光环，是吗？）。

停下争先之手！

我会开车。我是我们年级年龄最大的女孩，所以一进十六岁时，我第一个拿到了驾照。我的车是辆红色双开门的庞蒂亚克 Grand Am。有一天，我偶然问父母，我们可不可以去车场看看，只是浏览浏览，第二天我们最终买下了这辆 Grand Am，一笔很大的交易！对我而言，操纵它，没有腿开车没有什么大不了的：在方向盘的左边放置一个手柄，在转向信号的正下方，用来控制制动和气体踏板。如果其他人驾车，他们仍然可以正常使用踏板。我向下推操纵油门，向着仪表前推操纵刹车。我妈妈总是笑我，说我有一只“争先之手”，因为我总是超速（需要指出的是，我仍然在开那辆车，但我需要换新车了！）。

在我十六岁生日的那天夜里，在我拿到驾照那一天，当我正在退出汽车道（这是一条棘手的车道，为了避开一条水渠，你必须急转弯）的时候，突然撞在了停在我旁边的哥哥的卡车上。我要为自己辩护一下，那是夜间，卡车是深色，可是我最终在我的新车一侧留下了一个大坑，基本上是一个凹陷和一条划痕。我继续开车，进城去会了朋友。我很害怕，非常沮丧，更不用说害怕哥哥和父母会吃了我。回到家里，我鼓足勇气把事情告诉了他们，他们根本没生气。（事实上，他们拼命忍着不笑，但被我发现了）

停车的痛苦

这些天，轮椅可以使开车外出变得如坐针毡，因为我必须把椅子折叠起来，然后放在车里。接下来，我要确保停放时有足够的空间打开车门而且把它拖出来。在南加州找到一个足够宽敞的停车位是一个壮举（也许我是“超级珍”，所以不知道这个情况？）。

我很少把车停在残疾人专用停车场，因为我觉得其他人比我更需要那些车位。但当我真在残疾人专用停车场停车时，我有时会遇到不好相处的人。有一天，我在奥兰多的一家商店附近寻找停车场，但是没有停车位，所以我拉出残疾人标志，挂在了镜子上。在我将车开进停车位的时候，忽然有一位年长的女人开始用拳头敲打乘客一侧的车窗。格兰特当时正坐在那里，吓了一大跳。

“你抢了我丈夫的停车位。”她吼道，“你不伤残！你怎么敢这样！”

首先，我很震惊，有人会这样表现。然后我气得要命！我指着挂在我后视镜上的残疾人标志，但她只顾大喊大叫，胡言乱语，根本没有注意到。所以我把标志取下来，使劲儿撞在挡风玻璃上，大喊道：“这里！我有标志，女士！”

这让她相信了，她离开了，但格兰特和我只是沉默地坐在那里，想要明白刚才发生了什么事。然后我们开始大笑！“哦，我的天哪，珍，你得出去。”格兰特坚持说，“看到你，她会觉着自己像个白痴。给她一记耳光！”

但我绝对不可能那样做，我绝对没有什么要证明给她看的。最近在洛杉矶我又遇到了类似的事件。停车场很小，找到一个停车位总是碰运气的事情，所以我开进一个残疾人停车位，进入一家商店，买点杂货。等我要把车开出来的时候，一个坐在黑色高档车内的女人透过打开的窗口朝着我喊叫：“哦，好像你是残疾人似的！”这次我没有大发雷霆。我只是用非常平静的语调说：“女士，不止是今天……你不想去那里停车。我真有一辆轮椅。”我把车开走了。我“咯咯”笑着，然后我想，也许我应该感谢她，她至少是想把残疾人停车位留给需要的人。但是我猜，因为我很年轻，开车时看起来不像残疾人，所以频繁地引出人们的这种反应。你可以理解，除非绝对必要，我肯定需要，否则，我是不愿意占用残疾人专用停车位的。这不值得恼怒！

地面

对于一位把大部分时间用在高空表演的杂技演员来说，我知道这听起来有点奇怪，但我喜欢待在地板上。在日本的时候，我很兴奋地了解到，日本人坐在地板上的大枕头上，甚至坐在地上进餐。

哭泣时间

我不经常哭，但随着年龄的增加，我变柔软了。有一次我正在参加空手道黑带毕业典礼（偶然行动，我知道！），一位老人来到我身边，倒在我怀里开始抽泣。我所能确定的是，他是一位大屠杀幸存者。我非常感动，他大量的情绪宣泄令我不知所措，我也开始号啕大哭，无法停止下来！就因为这个原因，我会避开伤感的电影。如果我知道电影中有人死亡，我就不去看。我被拖去观看了《星运里的错》，我发誓，这部电影给我造成了终生创伤。

米洛和我

我是个百分之百爱狗的人。长大的过程中，我养过几条不同的狗：可卡犬巴迪，波美犬埃迪，混血猎犬思百克尔斯，然后是我的宝贝。十三岁的时候，我把所有的钱存起来（150美元）买了一个非常小的吉娃娃，名叫米洛。我把这条狗宠上了天，对待它就像对待我的宝宝一样。它极其莽撞无礼，很有个性，它真的认为自己是人类，而不是犬。我爸相信它能理解英语，他会用十种不同的方式说“我们要离开了”，然后米洛就朝着门口叫，这成了一种游戏。他会说“我想我们不会再待在家里了”或说“我们上路吧”，然后米洛仍会朝门口叫。它喜欢乘车，但讨厌洗澡，每次洗完澡，我都必须用一条毛巾把它裹起来抱二十分钟，它会在我怀里像婴儿一样哭泣。

我讨厌什么，我喜爱什么

我讨厌有人迟到，这是责备我的最快方式！

我讨厌大声喧哗、汽车报警声和荧光灯闪烁，它们都会让我心情不佳。我认为橄榄和泡菜是粗俗怪异的东西，我喜欢一种好玩的井字棋游戏。

如果我有一百万，我会聘请一位非常好的财务顾问，让他告诉我如何使用这笔钱。我会把其中一大笔钱给我的家人、孤儿院和收养中心。当然，我会留一些用来周游列国，到我梦寐以求的每个国家旅行，一流的旅行！

从孩提时代开始，我总会在天空中看到流星，而其他人却看不到。我认为那是上天正在向我眨眼或想给我一点“上天的恩惠”。我已经很长时间没有看到流星了，因为在洛杉矶，天空不是那么清楚（我们称之为烟雾污染）。我几乎已忘记了我的流星，后来，有一个晚上，我突然看到了一颗。作为提醒，我在日记中记录这些目击经历。我可以很容易忘记自己的祷告有多少次已经应验。

我是一个喜欢“小玩意儿”的女孩。我很容易迷恋小生物和小东西，见到小生物和小东西就会感到兴奋，任何比我小的东西。我看到小动物，特别是可爱的小狗狗的时候，会变得过于兴奋，变成模仿婴儿说话的疯子！我也喜欢微型玩具小屋、小茶点三明治等任何细小的东西。你永远不会听到我说：“要超越它。”

我是个酷爱健康食品商店的人，在那里我会为寻找无化学添加剂食品、“干净”美观产品和没有任何乳制品或精制糖的纯黑巧克力而梳理过道。

我讨厌大声放音乐，不太喜欢去俱乐部。我喜欢手握一把木吉他围在篝火旁或边淋浴边唱歌。我可以沉浸在爵士乐、蓝调、乡村和纳什维尔之夜里。我是一个有汉子倾向的真女人，多数时候你会发现我穿着时尚、得体、色彩明快的体操服，没有化妆，头发扎成马尾，但我也花钱修指甲、买衣服。我喜欢时尚，但我更喜欢讨价还价，说了一火车话，只为买个小标签。

普通衬衫对我非常合适，不需要改动。牛仔短裤、普通短裤、比基尼泳裤也是如此。显然，我的衣服大部分需要改动，我的朋友玛丽·简是我在布兰妮旅行时在服装部门认识的，她住的地方距离我家开车十五分钟。她在我的生活中是个美丽的人。我买的唯一一条裤子是条稍长的运动短裤，紧身裤。我让人把裤子剪短缝合起来，做成非常适合我的运动服。我妈妈非常擅长缝纫，也许有一天我真的会学会自己做。但是现在，我几乎连扣子也不会缝！

我喜欢童话故事《霍比特人》系列电影、《饥饿游戏》和《哈利·波特》。我从来没有看过任何一部《星球大战》系列电影，也没有看的愿望。我爱朱莉·安德鲁斯和她出演过的每一部电影，我可以与威尔·史密斯一起一遍又一遍地观看《独立纪念日》，这部电影从来不过时！泰勒·派瑞让我发笑，我在洛杉矶最喜欢的餐馆之一叫“发臭的玫瑰”（The Stinking Rose），他们所有食物都放大蒜。

秋天是我最喜欢的季节，原因有很多：千变万化的叶子、色彩活泼的空气、穿着舒适夹克和戴围巾御寒等。我爱阳光，但不喜欢下雨。

雨天让我消沉，就是因为这个原因，我相信我永远不会住在西雅图！我喜欢酒店的长袍，又大又蓬松的那种，你会希望能够放进行李箱里带回家，可以肯定会有人注意到它们不见了，我还喜欢坐着我哥哥的哈雷斯兜风。

我没有恐惧感，因为我不允许自己进入这种状态。如果你专注于恐惧，恐惧就会变成现实。我只说积极的东西和真理。随着我信心的增加，我的恐惧在衰退。

我很难被得罪。除非你真的粗鲁无礼（很少发生），相信我，如果你问我什么或对我很好奇，我不会生气的。我从来不想让人觉得在我身边必须小心翼翼的。

婚姻和家庭

我想结婚，有一天能成为妈妈。我想生个孩子（实际上，2是个很好的数字），因为生儿育女是最伟大的奇迹之一。我还想收养一个孩子（也许来自罗马尼亚），因为那是我父母送给我的一个不可思议的礼物，如果我收养了我自己的孩子，那种经验会画出一个完满的圆圈。

我妹妹克里斯蒂娜最近举办的迎婴派对无疑激起了我对婚姻和母性的一些情感。那是个特别的日子，我喜欢看到她作为成年人所拥有的物质：已婚，有一套房子，养着一群狗，现在又有了自己的第一个孩子。这是我和两个姐妹以及卡梅丽娅一起参加的第一次大型家庭活动。我第一次见到我的亲姨妈尼娜和表妹卡门，他们非常热情。卡门对我说："你是家人。"她也怀孕了。我们玩了个愚蠢的淋浴游戏，名叫"猜猜妈妈肚肚的大小"，而且只好和客人们一起用卷尺量了克里斯蒂娜的腰围。好吧，我磨蹭了很多时间，我拐弯抹角地暗示她的腰围有一间房子那么大。每个人都在欢笑，克里斯蒂娜很高兴。这时，我脑海里闪过一个念头：这相当不错，我也可以这样，感觉并不那么古怪或陌生。

我从来没有急于有孩子，我告诉自己，我会等到自己完全准备好。但也许我已经准备好了。过去，我不想让自己感觉和任何人或任何地方绑在了一起，我喜欢"自由"的感觉。但在看到克里斯蒂娜有多么快乐之后，某种东西触动了我。

我的打算是在我安定下来之前尽可能保持历史清白。我说过，结婚前，我不想欠任何感情债，挣脱过去的任何感情包袱。我可以高兴地说，我现在没有任何感情债，挣脱感情包袱的工作大部分也完成了！我开始祈祷过去那些使我离开前男友的点点滴滴。我知道婚姻是我将要做出的最大的决定之一，我相信做好精神准备是有好处的。想想看：你为一生中的大多数事情做好准备需要好多年，比如，上大学，奥运会选手终生都在训练自己！关于婚姻，我已经做过大量仔细的思考，也有了很多详尽的看法（我告诉你，我喜欢过度分析）。我相信婚姻从两个完全一致的人开始，他们自己、他们的信仰、他们认为自己是谁以及他们要去哪里。我可以真实地描述出我未来婚礼的画面（虽然新郎的样子仍然模模糊糊），我从来没有想过要办个大型婚礼，只想在外面办个小小的仪式，只要我生命中最接近的人包围在我周围就可以。简单，这就是我想要的。老实说，私奔对我来说毫无问题，只是我认为我妈妈真想看到她唯一的女儿披上嫁衣！我从来不理解花费数千美元在一件衣服、花和接待上有什么意义，不理解一个婚礼要持续几个小时。但是，我的蜜月将是奢侈的！我一直梦想去塔希提岛过两周，住在水中一间带有玻璃地板的平房里，在海滩上按摩……

建立人际关系

我提到过我也是个大空想家吗？我看到的事物都美丽、神奇、令人惊叹，都是我想做的，而且充斥了我的生活。如果你曾经在我小的时候问我，长大后想做什么，我永远不可能描绘出我现在的生活。是的，我是一个演员，但表演是我与人沟通的一种方式。所以也许我是个“连接体”，这算个职业吗？但是我就是这么看自己的，坦率地说，如果这还不是一份工作，有人应该考虑把它放在Linked In上。为什么不成为一种把人们的力量团结在一起，使他人更接近其梦想的人呢？我想做一些对我生活非常重要的事情，有意义的事情，我想做要紧的事情。我把这本书看作我朝这个方向迈出的第一步。我想把它带在路上，与尽可能多的人见面，与尽可能多的人交谈。我想分享我生活的真谛。

再次上路

我的记忆力非常好，记性很好，而且记忆详细。我只是简单地点击一下我脑海里的重播按钮，记忆就会返回我的脑海，清晰如初：每一张脸、每个地方、整个对话过程。因为我经常旅行，我在飞机上和飞机场遇到过许多了不起的人。2015年，我回家待的最长的一段时间是连续待了四个星期。我卧室的地板上似乎总是摊开着装了一半的手提箱，只是为了图省事儿。我讨厌打包解包，这样我不太可能忘记什么东西。

有一次，在拉斯维加斯中途停留，我在门口看到了说唱歌手埃勒·酷·J。我们乘坐同一架飞机，人们一窝蜂似的跑过去和他拍照，但我从来不想那样做，所以我踌躇不前，一直等到人群消散。最后，在回到座位前，我迅速抓拍了一张快照，滔滔不绝地说："你真棒！"大约五分钟后，随行人员里走出一个人，来到我身边。

她说："埃勒想和你谈谈。"

我环顾四周："我吗？你在跟我说话吗？"

她点点头，把我护送到他们一行七人中间。

我一时语塞，但我平时是不会无话可说的。我只是站在那里，目不转睛，被明星的风采吸引住了。

他说："我只是觉着你既美丽又了不起，我被你迷住了。给我讲讲你的故事！"

我讲了。我把自己的一切都告诉了他，他的随行人员在我周围聚集成个半圆形，凝神倾听了每一个字。

我有很多偶遇其他明星的经历。我是电视节目《邪恶力量》的超级粉丝，有一天在洛杉矶国际机场，我看到了在该系列剧中扮演萨姆的演员贾德·帕达里克。我是个超粉儿，但不想打扰他。所以我问空服人员介不介意告诉他我想见他。过了一会儿，他来了，不只是打声招呼，而是坐下来和我聊天！我们聊了半个小时！还有一次，杜恩"摇滚"约翰逊来我们健身房健身。我不想让他认为我是个疯狂的球迷，现在后悔得想踢自己。也许有一天……

老天给了我这么多的机会，所以，在我开始列出名单的时候，我谦卑、感激，坦率地说，还有点不堪重负。不久前，我在东京17万电视观众面前演出！我喜欢日本。人们的身材一般比美国人矮小，所以所有一切都比较低：水槽、毛巾架、桌子。正好完美地适合我的大小！我还注意到，人们没有盯着我看，也许是因为他们都很礼貌！我在那里待了两个星期，尝遍了各种有趣的食物，包括鱿鱼肠、牛舌和可以想象出的各种类型的生鱼片，生鱼片非常新鲜，就像鱼刚刚还在海中游泳一样。我是一个相当冒险的食客，我什么东西都会尝试一次。我在迪拜吃过骆驼汉堡；在澳大利亚吃过袋鼠串，我还学会了冲浪；我在阿拉伯沙漠中部骑了四骑自行车；在夏威夷与一只海豚一起游泳；乘索道穿越了哥斯达黎加雨林；在迪拜的水肺潜水中获得了认证；我还在泰国和新加坡度过了一段时光；在猴岛上和猴子一起划过船。

在我访问过的每一个城市、州和国家，有很多美丽的人走进我的生命里，我把他们称为我的天使。这些人装着谦虚的心，真正散发着爱。我走过的每一处至少有一个人深爱过我，带我出去吃饭，给我买杂货，为我做饭，送给我礼物，为我提供富丽堂皇的工作室，工作室还为我留有通往海滩的私人通道，带我去按摩或修指甲，开车带着我四处观光，等等！就在最近，一位非常好的酒店老板给我提供了一个在泰国逗留的地方，里面有空调、冲水式厕所和热水淋浴，所有这一切在泰国都非常抢手，而且睡觉是不需要蚊帐的！我从来不必担心自己的安全，或者拥有适当的资源，或者会有留宿的地方。上天总是给我鼎力支持，把这些珍贵的人放在我的生活里。我为那些祝福我的人祷告，我希望他们因为他们的慷慨而得到双倍的祝福。你们都知道自己是谁，请相信，我感激不尽。

每隔一段时间我都要拧自己一下，让自己保持清醒。老天已经给我很多祝福了，它把所有这些奇妙的机会摆在了我面前。我经常想到的另一件事是，我连三十岁都没到。我会不会停止激动人心的冒险呢？我是不是已经刷爆了分配给我的酷生活配额呢？我对此表示怀疑。我认为这个世界是一个广阔美妙的地方，意味着要从上到下、从海岸到海岸、从大陆到大陆进行探索。我每到一个新的地方，每遇到一个新的人，我都会不断成长，重新审视自己，重新思考自己想成为谁。我完全乐在其中。

所以，如果你从现在开始的一两年后再和我联系……谁知道呢？或许我正在把《与明星共舞》中梦幻般的镜球奖杯带回了家？或者正在外层空间乘着火箭旅行？就我而言，两者都不在可能范围之外。

荣誉勋章

我一直特别感谢多年来我收到的所有的奖项。我和多米尼克在俄亥俄州的阿克伦发表了一次TEDx演讲，演讲效果非常棒；能获得乔惠·特利颁发的“肌肉海滩勇气奖”，我感觉非常荣幸，乔惠·特利经营着威尼斯肌肉海滩；另外，我还获得了“巴蒂尔的灵感”（Shane’s Inspiration是一家美丽的公司，在世界各地建有一价全包的游乐场）颁发的灵感奖；我是南加州当地特别奥林匹克荣誉嘉宾；获得过洛杉矶残疾人权利法律中心颁发的残疾人体育运动奖。

在阿布扎比讲话后，我收到了扎耶德高等组织为人道主义护理和特殊需要颁发的我职业生涯中最酷的奖项之一。徽章上的字是用阿拉伯语书写的，我甚至不必知道上面说了什么都感到自豪。

我会说我的终极荣誉是在2015年，当时我荣幸地被授予“传奇”荣誉，并且获得了一项“世界杂技协会奖”。我很震惊！我？传说？我有那么老的资格吗？收到奖项后，我被奥运选手和马戏团的VIP、演员、艺术家们包围了。那里几乎每个人都比我大十五到三十岁。我妹妹参加的1996年奥运会的所有队友也在此列，所以我和她得以看到对方获得的荣誉。那真是一个特别的夜晚。

可是，我需要奖牌、奖杯、徽章或标题来让自己感觉良好吗？不需要。对我来说，不是认可或肯定的问题。相反，我把这些奖项看作是鼓励我继续坚持现在的事业、继续坚持更大梦想的动力。这不是获奖的问题，这是对这段旅程的庆贺。我为我自己已经走过的路以及未来还要走的路感到非常骄傲和感激。